Tina Georg.Andrea Parr

Raus aus meiner Küche, Mann!

Ein Drama in fünf Akten

Zu diesem Buch

Der Mann in der Küche ist wünschenswert und überfällig. Doch warum empfinden Frauen – bei aller Dankbarkeit – eine wachsende Aversion gegen kochende Männer? Weil ihnen der Löffel aus der Hand genommen wird oder weil sich die Alphatiere am Herd aufführen wie der Wilde Watz, agierend zwischen Saucen-Gott und Küchen-Nazi, weit entfernt von Hausfrauen-Image und Herdprämien-Gefahr ?

Die Autorinnen

Tina Georg ist Germanistin und freie Übersetzerin. Andrea Parr ist promovierte Theaterwissenschaftlerin, von ihr sind bereits mehrere Bücher erschienen (u.a. *Herzen pflastern ihren Weg, Mythen in Tüten, Pepita La Pistolera, La Belle und La Betty, Das kommt mir spanisch vor - Madrid für Anfänger*). Beide leben in München.

Tina Georg·Andrea Parr

Raus aus meiner Küche, Mann!

Ein Drama in fünf Akten

Bibliografische Information der Deutschen Nationalbibliothek:
Die Deutsche Nationalbibliothek verzeichnet diese Publikation in der
Deutschen Nationalbibliografie; detaillierte bibliografische Daten
sind im Internet über http://dnb.dnb.de abrufbar.

Umschlagfoto: Max Jasper Mannheim
Umschlaggestaltung: Elis Akifoglu
Herstellung und Verlag: BoD – Books on Demand, Norderstedt

ISBN: 978-3734744259

Inhalt

Vorwort

Heutzutage benutzen Männer Augencremes und Feuchtigkeitsfluids, sie tragen auch im Sommer Schals, und anstatt brav weiter zu grillen und sich ansonsten ohne großes Getue an der alltäglichen Hausarbeit zu beteiligen, haben sie das anspruchsvolle Hochleistungskochen für sich entdeckt und führen sich entsprechend auf.

Pioniere dieser neuen Spezies „kochender Mann" waren die Metrosexuellen, die die Kurve zum Gastro-Sexuellen genommen haben und damit gleich zweimal punkten: Mit dem neuen Statussymbol Kochenkönnen rüsten sie ihr ohnehin gepflegtes Ego weiter auf, und sind zum Wunschobjekt all jener Frauen geworden, die allein der Metrosex nicht mehr ins Bett locken könnte.

Natürlich sind Frauen froh und dankbar, weil immer mehr Männer pompös auftischen und sich damit offenbar als Traumtypen erweisen: Mit Lust um das gemeinsame Wohl besorgt und partnerschaftlich am Haushalt beteiligt, das volle Verwöhnprogramm vom Küchencrack!

Ist das aber nicht ein Irrtum? Bei genauerem Hinsehen: Ja.

Und finden wir Männer, die kochen, sexy? Auch auf den zweiten Blick: Nein.

Ist es nicht eher so, dass Männer das Kochen eben nicht als normale Hausarbeit ansehen, sondern als ganz großes Event mit noch größerem Brimborium, um alle Welt zu beeindrucken, während Frauen still und leise und selbstverständlich für den Alltag kochen?

Der krähende Gockel versus eifrig scharrende Hühnerschar?

Es soll hier keineswegs ein Plädoyer gegen den Mann in der Küche ausgesprochen werden, der kochende Mann gehört zu einer liebens-und schützenswerten Spezies.

Doch deren zunehmend eitles Gebare gepaart mit Besserwisserei und Platzhirschverhalten ruft bei Frauen zunehmende Gereiztheit hervor.

Deshalb haben wir ein – augenzwinkerndes - Anti-"Männerkochen ist sexy"-Projekt gestartet und sagen nur eines: Raus aus meiner Küche, Mann!

Tina Georg und Andrea Parr

Erster Akt

Der Herd ruft – Wir wetzen die Messer!

Der „Mann am Herd" ist das Resultat einer erstaunlichen Karriere. Keine andere Hausarbeit hat es wie das Kochen geschafft, in den Rang eines der prestigeträchtigsten Männerhobbys aufzusteigen. Kochen können gehört mittlerweile bei Männern, die sich auf der Höhe der Zeit bewegen, zum guten Ton, und verwundert konstatieren wir die Verwandlung einer häuslichen Fertigkeit in ein Attribut von Männlichkeit. Der gemeine Hobby- oder Gelegenheitskoch wird zum angesagten Männeridol stilisiert.

Denn Kochen steht seit etwa zehn bis fünfzehn Jahren mit an der Spitze der begehrtesten Eigenschaften, die ein Mann als potentieller Partner mitbringen sollte, Frauen assoziieren damit Sinnlichkeit und Genussfreude und gleichzeitig eine gewisse häusliche Orientierung, wenn nicht sogar den Nestbautrieb. Für Männer hingegen ist das Kochen State of the Art im alten Alphatierverhalten geworden: Was die Fernsehköche da vorturnen, kann ich auch - und die Frauen krieg ich gleich mit dazu!

Diese bemerkenswerte Entwicklung verlief parallel zu der Flutung der deutschen Wohnzimmer mit Kochshows im Minutentakt, die unbestritten der Hauptmotor waren für den Hype um den „Mann am Herd" und die angeblich jedem zum Hals raushängen. Sie werden trotzdem weiterguckt und sind zum festen Bestandteil der Eventisierung des Alltags geworden, die vor nichts mehr halt macht. Die anfänglichen Kochshows, die durchaus Lerneffekte boten und zur Volksgesundheit beitragen konnten, sind zu prolligen Challenges mutiert, und jüngst sind zu den hysterischen hyperventilierenden TV-

Köchen auch die Bäcker und Patisseure in den Ring gestiegen: Platzhirsch versus Backmamsell. Advent, Advent, der Ofen brennt…

Kochende Männer gab es schon immer, sei es auf hohem Niveau am Niedergarrohr mit geschmorten Rinderbäckchen an Hagebuttensauce oder eher auf Sparflamme mit aufgewärmten Dosenravioli. Die professionelle Kochzunft ist seit dem 16. Jahrhundert, als bei Kaisers und Königs die Hofköche Einzug hielten, eine Männerdomäne, und sie ist es bis heute geblieben: Vom Fußvolk in den Ausbildungsküchen bis zu den Sterneköchen in Gourmettempeln. Im Durchschnitt kommt in deutschen Restaurants auf zehn Männer eine Profiköchin. Und diese zehn Männer sind der Rest, der übriggeblieben ist von der Zahl der Lehrlinge, die Koch werden wollten, denn jeder zweite bricht seine Koch-Ausbildung ab, weil Kochen Knochenarbeit für Hungerlohn bedeutet: Azubis im dritten Lehrjahr erhalten zum Beispiel in einem Hotel am Frankfurter Flughafen 615 Euro.

Beim Verband der Köche Deutschlands heißt es, dass viele Berufsanfänger „schlicht falsche Vorstellungen vom Alltag in der Küche" haben. Und: "Kochshows im Fernsehen sind interessant, aber sie zeigen nicht die Wirklichkeit."(Spiegel online, 27.4.2014)

Gewerbemäßiges Kochen ist also überwiegend männlich, was vielleicht auch daran liegt, dass es als Beruf viel Kraft erfordert. Zumindest in der Großküche ist es körperliche Schwerstarbeit: Lasten und Kochgut heben, Hitze wie Küchendunst ertragen, viele Stunden schnell auf den Beinen sein, Wochenende und Feiertage arbeiten – so etwas ist nicht nur beinharter Job, sondern auch für die Familie belastend. Zudem herrscht in der Profiküche strikte Hierarchie und ein militärisch-rauer Ton wie auf dem Kasernenhof, was nicht jedermanns Sache ist, und die Sache jeder Frau erst recht nicht.

Eventuell ist professionelles Kochen für Frauen auch deshalb kein Thema, weil sie sich fragen: „Wieso das noch als Beruf, wo ich doch sowieso täglich zuhause kochen muss?" (wie man in Blogs lesen kann).

Während also der Berufsverband über „Nachwuchsmangel in der Küche klagt und die Zahl der Lehrlinge sich in den vergangenen acht Jahren von etwa 42000 Verträgen auf heute 23000 halbiert hat, ist indes die Spezies „kochender Mann" aus der häuslichen Küche nicht mehr wegzudenken - was für die potentiell unter Zeitmangel stehende und immer kochunwilligere moderne Frau des 21. Jahrhunderts ein wahrer Segen sein könnte.

Doch leider entpuppt sich das gegenwärtige ambitionierte Männerkochen als Mogelpackung, denn es hat sich ein Trend entwickelt, den man auch mit leiser Sorge beobachten kann: Der kochende Mann gibt zwar Zeugnis von seiner Kennerschaft und seiner Genussfreude, er achtet auf seine Gesundheit und hält sich fit, ist kosmopolitisch gestimmt und weitgereist und greift auch gerne tief in den Geldbeutel, wenn er zu Tisch bittet. Zudem verführt er schwierige Frauen mit raffinierten Menüs, beeindruckt die Ehefrauen nicht-kochender Kumpels und überrascht als der lustvolle Küchencrack auf Verwöhnprogramm.

Aber die Sache hat einen Haken, denn dieser Traumtyp hat auf seinem Weg von Grundkenntnissen zu Expertenwissen beschlossen, dass richtiges Kochen jetzt mal Männersache ist und die Küche sein Revier, wo Frauen - wenn sie geduldet werden, als Kochgroupies quasi - vorgeführt wird, wie Profikochen geht. Hip und cool und mindestens auf Augenhöhe mit dem Michelin, nur weil er dreimal Jamie O. & Co. geguckt hat und nun weiß, wie das geht, oder vielmehr, wie das NOCH BESSER geht!

Ein neues feines Statussymbol liegt da in Reichweite, und wenigen Frauen gelüstet es ebenfalls danach, qua Kochexpertise ihr Image und ihren Marktwert aufzupolieren – im Gegenteil, sie machen Platz. Für sie stellt die Selbstverwirklichung am Herd zunehmend eine der letztmöglichen Optionen dar, sie positionieren sich fernab von Eintopf und Auflauf.

Die heutigen Frauen (nicht nur die in der Rushhour-Phase zwischen 32 und 45) haben die Schürzen abgelegt und sind beglückt darüber, bekocht zu werden – vielleicht nicht immer hungrig, aber bestimmt froh, weil man sie nicht in alte Rollenklischees drängt. Sie sind zur Freude des Kochs allzu bereit, den Helden dieser einstmals nur ihr verordneten Hausarbeit zum Küchengott zu erklären: Wie gut er das kann und wie „süß" und „sexy" das alles ist!

Denn wie seine Augen leuchten, wenn er von Mohn- und Kapernkrusten und Seeigeltatar auf Oliveneis mit Fenchelpüree spricht. Und wie er die Zubereitung komplizierter Wildhasenfonds begeistert zum abendfüllenden Partythema werden lässt. Und mit welcher Hingabe er sein neues digitales Wasserbad in Betrieb nimmt, worin er den Hummer so einfühlsam, fast zärtlich massakriert: „Ein Schuss Weißwein noch, und er leidet nicht so, der Arme, weil er dann betrunken ist."

Und ist es nicht so erotisch wie rührend, wie er mit dem Pürierstab agiert, wie er schäumt, poeliert und sorbiert?

Die harten Kerle kochen sich weich, das Hantieren am Herd wird von immer mehr Männern als ausgesprochen sinnlich empfunden, als lustvoller Ausgleich zum überwiegend digitalisierten und aseptischen Arbeitsleben. So wird das Kochen zu einer wahren Berufung: Alles ist so haptisch, alles so schön bunt. Und wie das riecht, es geht doch nichts über frische Kräuter und pralle Tomaten! Da erschafft man etwas, Kochen ist viel schöner als der dröge und stressige Job im Büro: Dauernd vorm PC sitzen und die verschiedenen Koch-Blogs der Beef Buddies verfolgen ...

Es ist auffällig, wie viele Menschen sich zur besten Tageszeit, sprich: während der normalen Bürozeiten, in diversen Wurstsack-Foren und -Chats tummeln und ihren Senf abgeben zum raffiniertesten Fond, dem sanftesten Dünsten, dem besten Stück am Vieh und fachsimpeln über martialische Kochgeräte wie Flammenwerfer und Kopffräsen.

Männer unter sich, auch analog. Sie gründen Kochclubs, besuchen Abendkurse und buchen Seminare bei Sterneköchen, um dann unter Ausschluss der Öffentlichkeit, sprich: Frauen, über Sauteusen, Ober- oder Umluft und die Zubereitung des einzig wahren Gurkensorbets zu schwadronieren.

Alles wie immer, Bruderschaften mauern, nur diesmal am Herd!

Und wo bleiben die Damen? Vor allem junge Frauen ohne Kinder sagen heute gerne, sie könnten nicht kochen. Oft behaupten sie dies, weil sie permanent auf Diät oder sowieso eher frugal und rohkostig gestimmt sind und Salat in Form von grünen Smoothies zu sich nehmen und der Kühlschrank bis auf Säfte oder Wodka leer ist und sie überhaupt alles lieber TO-GO haben. Die Kochunlust ist ferner geprägt von einer gewissen Lieblosigkeit dem eigenen Körper gegenüber, sie haben keine Zeit, mögen dies nicht und das nicht, es ist egal, was und ob sie essen, weil sie überhaupt eigentlich gar nichts essen ... und so weiter und so fort.

Manchmal aber sagen sie das nur, weil sie wissen, dass Herd plus Frau zur Hausfrau führt. Sie sind klug und wehren den Anfängen, (begeben sich damit aber auf Augenhöhe mit Männern, die behaupten, nicht bügeln zu können. Mehr dazu später). Für Männer hingegen ist es paradoxerweise fast Standard, kochen zu können, und wenn nicht, dann nehmen sie die Herausforderung an: Nicht Kochen-Können gibt's nicht. Selbstzweifel? Gibt's auch nicht. Mann ist Koch vom ersten Kochversuch an und kann sich nur steigern. So wird er in sieben Tage zum Sternekoch: Eine Challenge, die bravourös bestanden wurde!

Vom Keller durch den Garten in die Küche

Die Zeiten, in denen der Mann sich mit schnödem Grillsport zufrieden gibt, sind lange vorbei, hartnäckig hat er sich vorgearbeitet, ist aus seiner Eckkneipe, seinem Heimwerkerkeller und der Garage hervorgekrochen, heraus aus den Niederungen von Modelleisenbahn und Auto-Motorrad-Geschraube, zur Sonne, zur Freiheit, zum Herd!

Warum aber bloß zum Herd? Ist die Küche der Rückzugsraum der heutigen Männer, ist sie die frauenfreie Zone für die armen Männer, die alles, was früher Spaß gemacht hat, verloren haben?

Die klassischen MännerHobbys entstammen nicht dem häuslichen Bereich, sondern kommen aus der Welt da draußen. Und Frauen finden sie in der Regel auch nicht „süß" – höchstens in der Phase frischester Verliebtheit -, sondern sind da neutral: Hobby eben. Eine Freizeitbeschäftigung, die das Leben zu zweit oder en famille nur insoweit tangiert, als sie zeitraubend ist und potentiell gemeinsame Stunden dahin schmelzen lässt. Denn männliche Hobbys sind selten paar- oder familientauglich, wenn wir absehen von „auf dem Motorrad mitfahren" oder Angelausflüge mit Picknickkorb. Und sie finden außer Haus statt oder in dem berühmten geschützten Raum, dem Hobbykeller eine Etage tiefer, in dem geschraubt, gehämmert, gelötet und verkabelt wird. Aber auch ebenerdig und direkt im Wohnbereich gibt es diesen Raum, das Hobby- oder sogenannte Arbeitszimmer für die Sammler und Tüftler und Künstler unter den Männern – Schmetterlinge, Mineralien, alte Bücher, Münzen, Briefmarken, Aquarelle – und ja, auch die gute alte Eisenbahn ist immer noch en vogue. Alles was klein ist, fein und wertvoll und unfertig und nicht in fremde Hände darf.

Gelegentlich trifft man zwar auch Männer beim Stricken, Häkeln oder Nähen an, aber das sind und bleiben höchst sporadisch auftretende Selbermach- und Spaß-Aktionen. Natürlich kommt die eine oder andere bunte coole Mütze dabei heraus, die mit großer Begeisterung auch verschenkt wird. Und welche Mutter oder Freundin fände das nicht „süß" und „total lieb"? Aber nichts von diesen häuslichen Handarbeiten taugt ernsthaft für ein Männerhobby. Das Weibliche ist dem Stricken und Sticken einfach nicht auszutreiben, und Witze über Männer, die häkelnd auf dem Sofa sitzen, funktionieren immer. Zum Beispiel: Sitzt ein Mann auf dem Sofa und häkelt ...

Garage, Hobbykeller oder -zimmer sind also ausgewiesene Männerräume, und das sollen sie auch bleiben. Selten fließen Dinge durch deren geschlossene Türen in den gemeinsamen oder eigenen Haushalt. Das ist ja das Schöne am Hobby, dass es eine Liebhaberei ist, die ganz zu dem Menschen gehört und bei ihm bleibt, der es ausführt und der sich keinerlei Fragen nach dem warum und wozu ausgesetzt sehen darf. Im altmodischen deutschen Begriff „Steckenpferd" steckt noch anders als im englischen „Hobby" (eine Verkürzung von

„Hobby-Horse", „kleines Pferd") die Nähe zum Spielzeug. Das Steckenpferd wohnte noch in den Kinderzimmern unserer Großeltern und vielleicht gibt es auch heute hier und da ein Dachboden, wo es seit Jahrzehnten in einer Kiste verstaut liegt. Es ist ein Stecken mit einem Pferdekopf mit Halfter, gedacht zum kindlichen Herumhüpfen in der Einbildung, auf einem richtigen Pferd zu sitzen. Schöner und bündiger kann man das Wesen des echten Hobbys nicht beschreiben: Man tut so, als ob! Ein Hobby ist kein Beruf, sondern Spiel und Spaß, es dient keinem höheren Zweck, man macht es rein aus Lust und Liebe, Selbstverwirklichung inklusive.

Wenn doch praktischer Nutzen abfällt wie beim Heimwerken, Töpfern oder Sachen reparieren, die man eigentlich wegschmeißen wollte, bleibt es trotzdem eine Freizeitbeschäftigung und tangiert niemanden. Solange es nicht selbstgeschmiedete Treppengeländer sind, die ein für alle Ewigkeiten in die Diele montiert werden, kann man Selbstgemachtes nach einer gewissen Zeit auch ein bisschen wegräumen und in Schränken und Kartons „aufbewahren".

Seit jüngerer Zeit, jetzt schon in zweiter, dritter Generation, gibt es jedoch ein Männerhobby, das Frauen, Familie, Freunde und weiteres Umfeld aufs Entschiedenste tangiert und unbedingt auf Anwesenheit und Augenzeugenschaft angewiesen ist: Grillsport! Selbst wenn Frauen nicht immer Lust auf dieses fette, saftige, leckere Stück Fleisch oder Wurst haben - Grillen macht einfach gute Laune, findet draußen statt, ist gesellig und schmeckt irgendwie dann doch allen. Da steht der Mann am Grill und sorgt für das gemeinsame leibliche und seelische Wohl. Er trinkt das Bier aus der Flasche, das umstehende Männer gekühlt und in Reichweite halten und ist zu Recht happy. Wer am Grill steht, hat das Sagen, keiner seiner Kumpels redet ihm hier rein! Das könnte Frauen eigentlich auch gefallen: Mit links das kühle Bier kippen, mit rechts die Grillzange schwingen und um sie herum Männer barfuß im Gras, die abnicken und einfach mal die Klappe halten.

Aber Grillen ist eindeutig Männersache, selbst wenn Frauen das hinkriegen würden. Wir kennen jedoch sehr, sehr wenige, die Spaß daran haben oder hätten. Und sie sehen die Vorteile des Männergrillens: Der Kerl ist beschäftigt und guter Dinge und steht nicht wie sonst, wenn es Essen geben soll und vielleicht auch Gäste kommen, zwischendurch in der Küche rum, unschlüssig, ob er jetzt doch schon mal den Tisch deckt oder lieber 'ne Runde daddeln geht und uns machen lässt. Er steht am Grill, und wenn Kinder da sind, gucken die gerne zu. Der Rest wie Brotschneiden, Salat machen, Messer und Gabel rausgeben geht fast wie von selbst. Soße braucht es nicht, und Gemüse mögen Männer eher nicht so (geht auch anders, siehe später). Also bleibt der Herd kalt und die Töpfe im Schrank.

Ein weiterer Vorteil ist die Arbeitsteilung bei Einkauf und Vorbereitung: Bei der „Operation Grillen" ziehen oft die Männer los und kommen mit ihrer Beute gar nicht erst ins Haus, sondern legen im Idealfall das ansehnliche Metzgerpäckchen wie in Gutsherrenzeiten auf der Schwelle zum Küchentrakt ab, um sich sodann um das Feuermachen zu kümmern. Was sie an Öl, Saucen und Gewürzen aus der Küche noch brauchen, bringen wir auf Zuruf schnell raus. Hauptsache, wir Frauen müssen nicht den Inhalt der unzähligen Einkaufstüten, die der Mann im Überschwang angeschleppt hat, in Schränke und Kühlschrank räumen, wir müssen kein Fleisch von Knochen lösen, keine Wurstschlangen zerteilen und keine XXL-Hähnchenschenkel wie Puzzleteile in die größte Pfanne einpassen und dann am Herd stehen und schwitzen. Heute nicht, heute wird gegrillt!

Zunächst war das Grillen für Männer ein klassisches Sommer-
hobby, das in eigenen Gärten, auf öffentlichen Wiesen und am See
oder Fluss ausgelebt wird - wann immer das Wetter es zulässt. Dann
aber kam das Grillen für unser Empfinden allzu plötzlich auch auf
Terrasse und Balkon. Die archaischen Grillfeuer sind weitgehend do-
mestiziert worden, die Geräte inzwischen klein und trendy und elek-
trisch, und vom frühen Frühling bis in späten Spätherbst kann gegrillt
werden, was nach Lust und Laune in den Speiseplan eingebaut wird.
Der Grillsport an sich erscheint jedoch irgendwann erschöpft, und
auch das Image hat mit der Domestizierung gelitten – es sind nicht
mehr die Cowboys, die den Grill anschmeißen und Wurst draufhauen,
sondern die Baumarktfreunde und Balkonmenschen. Außerdem lan-
det auf den neuen Heimgrills immer öfter auch von Frauenhand feines Gemüse, geruchsfreier Fisch oder Fleisch ohne Fett. Also Grillen
ist das eigentlich nicht. Das ist „gesund Essen", und darüber wacht in
der Regel wieder die Frau - derweil der Mann sich über den Winter
ein neues Hobby gesucht hat. Jetzt nämlich wird gekocht!

Eine stetig wachsende Zahl Männer ist in die Küche vorge-
rückt und gibt sich nicht mehr mit dem Sommergrillen oder ver-
weichlichten Gas- oder Elektro-Grillen zufrieden, eine neue Herausforderung ruft: Richtiges Kochen, am Küchenherd, für die Liebste,
die Familie, für Gäste, Nachbarn, alle!

Der Grill-Zombie mutiert also zum Nouvelle Cuisine-Gour-
met. Das „Böse" ist nun mitten unter uns, angekommen in Gestalt des
Koch-Profis, des Hobby-Experten, des Küchen-KÜNSTLERS!

Nur zur Klarstellung: Hier soll kein Mann wirklich aus der Küche gejagt werden, wir wollen keine Rückwärtsrolle zu KKK. Der ko-

chende Mann an sich gehört zu einer liebens-und schützenswerten
Spezies und sollte nach unserer Auffassung für moderne Aufgaben-
und Rollenverteilung einstehen, für die Demokratisierung des Haushalts.

Aber tut er das wirklich? Hält der Hobbykoch dem Alltag
stand?

Der Kochalltag in deutschen Haushalten nämlich zeigt, dass hier
mit großem Bohei lediglich ein neues Revier markiert wird, Brutzeln
auf Testosteron, wo man sich schnelle Lorbeeren verdient als Soßen-
Gott und Super-Papi. Und ist der kochende, ambitionierte und gour-
metverliebte Kerl am Herd, der auf die Niederungen der normalen
Alltags-Hausfrauenküche nur mit gelinder Verachtung blicken kann,
nicht vielleicht anstrengender als die aussterbende Gattung des anachronistischen motorölverschmutzen Helden des guten alten Hobby-
Handwerks?

Diesem traditionell eher Koch-Blockierten konnte man eine
schnelle Wurscht in die Hand drücken, und er hat gestrahlt. Heute
wird genörgelt, wenn's nicht Bio-Vegan-Regional ist, und am besten,
er nimmt das selbst mal in Angriff, fängt den Fisch womöglich direkt
im Flusslauf nebenan und kocht den Fond höchstpersönlich und lässt
dies auch jeden wissen.

Die Sache ist nämlich die: Wenn Männer kochen, so tun sie
dies nicht klaglos still und zweckorientiert wie die meisten Frauen,
sondern stets mit lautem Getöse. Dem Kochrausch wird nur offensiv
verfallen, mit viel Show und großer Dramatik. (Dazu auch Herbert
Hacker, Helden am Herd, *Zeit* online, 1.11.2007)

Der Mann am Herd kocht nicht einfach, nein, er ZAUBERT.
Er zelebriert, er zieht eine Riesen-Show ab, er liefert Koch-Kunst-

stücke: mit tollem Speiseplan, noch tollerer Rezeptur und dem aller-
tollsten Hauptdarsteller überhaupt – nicht der Wolfsbarsch im Jerk-
Garnelen-Curry ist der Star des Abends, sondern er, der Wolf im
Schafspelz, der Koch!

Auffällig ist, dass der kochende Mann bevorzugt im Zentrum
des Interesses steht, ungern wurstelt er alleine vor sich hin(es gibt
Ausnahmen, dazu später). Publikum – vor allem dankbares Publikum
– ist erwünscht, wenn nicht sogar unerlässlich. Show-Kochen ist sozusagen die „Weiterentwicklung" des ur-männlichen Grillens, das
auch unbedingt auf geneigte Zuschauer angewiesen ist. Nichts ist
männlicher, als wenn er erst die hochzüngelnden Flammen totschlägt
und dann das blutige Hüftsteak medium bezwingt, mutig zwischen
Feuer und Rauch, zwischen gefährlichem Zischen und Spritzen und
schier unerträglicher Hitze agierend. (Bei dem ganzen Theater ver-
gisst man fast, dass Grillen sich ja gewissermaßen von selbst erledigt;
ist es nicht so, das meistens den Frauen die undankbare Aufgabe zu-
fällt, all die zahlreichen kleinen arbeitsaufwendigen Marinaden und
Salate für das Grillgut zuzubereiten?)

Wie am Grill, so beim Kochen. Der Schauplatz des ganz großen
Dramas wird in die Küche verlegt. Eine Frau kocht ein Lammcarré
als Hauptgang mit -zig Beilagen und macht pochiertes Williamsbir-
nen-Dessert, während sie nebenbei mit fünfzehn geladenen Gästen
über Kunst und Kultur, die Kinder und die Weltpolitik plaudert und
außerdem der Katze noch einen Dorn aus dem Fuß operiert.

Ein Mann in derselben Situation plaudert nur ÜBER SICH
und sein Essen, und sein ganzes kulinarisches Know-How geht einher
mit enormer Selbstbeweihräucherung und eitlem Gebaren, gepaart
mit Besserwisserei und Platzhirschverhalten. Sein Kochen wird zur

Selbstdarstellung der natürlichen Überlegenheit – Natural Born Cook! In seiner Geschwätzigkeit unterscheidet sich der private Küchenheld kaum von seinen prominenten Kollegen im TV. Und so verfließen die Grenzen, hält sich doch fast jeder Hobbykoch insgeheim für einen Küchen-Superstar. Auf Gault&Millau-Niveau. Mindestens. Nur ist eben leider nicht jeder Jamie O.!

Natürlich gibt es auch Männer, die aus reinem Selbsterhaltungstrieb irgendwann anfangen zu kochen – zum Überleben - und es langsam und durch Übung lernen, weil sie Singles sind oder ihre Partnerinnen es kochtechnisch überhaupt nicht draufhaben – oder dies vorgeben, siehe oben.

Aber Kochen im Alltag, Kochen als Notwendigkeit, ist weiblich. Besonders für „Familientiere" sind Blitzkochen und Improvisieren selbstverständlich, da werden Torten ohne Tortenform und Putengeschnetzeltes ohne Pute gezaubert, rasch und pragmatisch, ohne Murren ein sättigendes Ergebnis. So kann doch jede Frau froh und dankbar darüber sein, wenn nun der Mann sich ums leibliche Wohl der Familie sorgt und im Komplettpaket erst die zeitraubenden Einkäufe erledigt und danach lustvoll aufkocht und sich auch ansonsten partnerschaftlich an der Hausarbeit beteiligt, aufräumt und die Küche sauber hält. Was will man mehr?

Von wegen.   Bei genauerem Hinsehen erweist sich das als Irrtum: Die Entlastung der Frauen durch kochende Männer bleibt weitgehend aus und Streit um die Aufteilung der täglich anfallenden Hausarbeit ist der häufigste Konflikt in Partnerschaften überhaupt, Kochen hin oder her (dazu mehr im vierten Akt).

Bei aller Dankbarkeit für den neu-männlichen Mann am Herd, der nun teure Hochglanz-Food-Zeitschriften sammelt mit tollen Tipps fürs richtige Rind-Rubbing statt der Playmate des Monats … Nein danke, der Preis ist dann doch zu hoch!

Allein dieses Geprahle, diese vermeintliche Stil- und Geschmacksicherheit, der Tanz um die eigene Glanzleistung, das ist es, was nervt: Nicht der kochende Mann per se, sondern der Kenner-Schwadronier-Koch. Wenn die Stunde des Patriarchen schlägt, kann man es zunächst kaum fassen, ringt sich mitleidig ein freundliches Grinsen ab, fühlt aber dann aber mit seiner zunehmenden Angeberei proportional zunehmenden Verdruss: Frauen am Rande der Koch-Allergie!

Wenn das geschieht, ist es Zeit, Resumee zu ziehen und zu hinterfragen: Was ist da passiert?

Ein Hobby geht sexy

Rosige Zeiten scheinen angebrochen für Frauen, die es satt haben, Tag um Tag in der Küche zu stehen und zu kochen. Und die es mit Kindern und Job schlicht nicht schaffen, täglich Gesundes, Frisches und Selbstgemachtes aufzutischen - um Fischstäbchen, Spaghetti und Pizza kommt doch keine von uns rum!

Immerhin ist inzwischen der Sonntagsbraten weitgehend abgeschafft und durch ein gemeinsames spätes Familienfrühstück ersetzt, das die Dame des Hauses gerne mit einem Prosecco beschließt.

Also, Sonntagmittag wird in Deutschland nicht mehr so groß aufgekocht wie bei Muttern, und welche Frau wünschte sich die Sonntagsfron mit maulenden Kindern am Mittagstisch zurück? Natürlich hat sie nichts dagegen, wenn sie stattdessen selbst bekocht wird –

von den Kindern oder vom Mann: Weil Sonntag ist! Aber noch dankbarer wäre sie, wenn sie sich auch unter der Woche an den gedeckten Tisch setzen könnte.

Das könnte sie möglicherweise immer öfter tun. Denn ganz vorne bei den Männern, die so gerne kochen, liegt die Altersgruppe der 30- bis 45-jährigen mit ihrem hohen Singleanteil. Untersuchungen zeigen zwar auch, dass die große Masse der als Paar oder mit Familie lebenden Männer die häusliche Küche als Raum, in dem Hausarbeit ansteht, nach wie vor meidet, sich aber gleichzeitig mit wachsender Begeisterung fürs Kochen zur Verfügung stellt.

Aber wie geht das zusammen? Kochen die alle draußen im Garten?

Nein, es ist der neue Hobbyraum, in dem das Männerkochen vor sich geht, die zum Kochlabor und Showroom umgedeutete Küche, und die hat dann mit dem Resthaushalt wenig oder gar nichts mehr zu tun.

An dieser Stelle könnte man fragen, ob es wirklich die Männer waren, die Kochen für sich entdeckt haben, oder ob es nicht vielmehr so war, dass die Frauen – der Kocharbeit überdrüssig - die wilden Kerle so sanft wie subtil angeleitet und förmlich an den Herd gedrängt haben mit all ihren Lobgesängen auf die attraktiven Fernsehköche. Frei nach dem Maria-Montessori-Prinzip „Hilf ihnen, es selbst zu tun" eine versuchsweise Domestizierung des bislang in seiner Freizeit aushäusig orientierten Partners?

So macht sich auch der Autor Peter Petschek (*Spiegel* online, 10.09.2012) darüber lustig, dass jetzt alle Frauen die Kochidole Jamie Oliver & Tim Mälzer eins zu eins auf ihre Männer übertragen wollen. Er vermutet, Jamie und Tim seien „bestimmt nur ganz normale Männer", die in Wirklichkeit auch nur in alten Jogginghosen auf der Couch rumlümmeln und Pudding und Chips in sich reinstopfen, wenn mal gerade kein Kamerateam zuguckt.

Und auch dieser ach so „typisch Frau"-Wunsch nach gemeinsamem Kochen und Blümchen-Deko und Kerzen-Romantik wird gebasht: Alles soll zum „gemeinsamen Großereignis" werden, mit „möglichst hohem Weißt-du-noch-Erinnerungsfaktor".

Frauen ist so etwas wichtig. Männer sehen das anders.

Daher löste Petschek in den Kommentaren einerseits Entrüstung aus, andererseits erhielt er volle Zustimmung. Bis auf ein paar männliche Ironiker („spricht mir aus der Seele, kann weder kochen noch interessiert es mich") wehren Männer wie Frauen sich vor allem dagegen, dass kochende Männer keine normalen Männer sein sollten. Wieso, quakt einer stellvertretend, das sei doch „entspannend und schön, mit den Lieblingszutaten herumzuspielen und etwas Schmackhaftes zu kochen", während von Frauenseite immer wieder das Wort „sexy" kommt: Wie sexy das doch sei, dass der Liebste kocht und sie damit umsorgt und verwöhnt. Und dann werden auch uns die Ohren heiß, wenn es gipfelt in „mein Küchenguru" und „mein Soßengott".

Zu der zweiten Frage, die Petschek stellt, ob denn gemeinsames Kochen wirklich eine gute Idee wäre, sagen Frauen an dieser Stelle gar nichts, dafür sind sich die Männer um so einiger: Bitte nicht! Das liest sich dann so: „Kochen ist Männersache und die Küche ist mein Revier, da hat Romantik nichts zu suchen!", „wohlgemerkt hat meine Frau Mitkochverbot", „Frauen, die gemeinsam kochen wollen, haben normalerweise ein paar Schrauben locker", und unser Lieblingskommentar: „Wenn ich fünf Stunden in der Küche stehe und Essen mache, dann hat da niemand was zu suchen. Die gesamten fünf Stunden nicht!"

Aha. Jetzt könnte neben der Freude und Dankbarkeit über Männer, die am Herd stehen und für uns kochen, doch eine kleine Skepsis treten. Sind Männer am Herd gesellschaftsfähig? Bekochen sie uns oder einfach nur sich selbst, und ich muss dann mitessen? Und wieso darf unser Sohn zugucken und ich muss draußen bleiben? Fragen über Fragen.

Selbstverständlich gibt es Männer, die Kochen als normale Beteiligung am gemeinsamen Haushalt betreiben, die vorher einkaufen und nachher alles wegräumen – oder zumindest ein bisschen. Das sind die Männer, die auch vor dem Einkauf kurz Kühlschrank, Fensterbänke und Regale auf Bestand oder Verfallsdatum kontrollieren, anstatt mit Autoschlüssel in der Hand zu wedeln und hektisch zu fragen: „Ähm, was brauchen wir überhaupt?" Um dann die Hälfte zu vergessen.

Diese Männer können zum Beispiel während des Kochens auch mal kurz etwas anderes machen, sie sind ansprechbar und multitasking-fähig – ein rares männliches Talent! Von einer nicht genannt werden wollenden Freundin wissen wir, dass ihr langjähriger Partner „Spaghetti kann" und dabei dann am Topf steht und stumm-konzentriert dem Wasser zuguckt, bis es schließlich kocht. Sie selbst würde in dieser Zeit zwei, drei Handgriffe machen, vielleicht einen Baum fällen oder ein Regal an die Wand dübeln. Diese Freundin lieben wir dafür, dass sie von „Handgriffen" spricht, wo andere längst über „Familienarbeit" dozieren.

Nicht alle Männer sind Eintags-Kochfliegen, die köcheln auch morgen und übermorgen und heften sich das Kochen nicht wie einen Verdienstorden an die Brust. Sie machen es einfach, weil sie es schlicht für selbstverständlich halten. Wir kennen solche Männer, es sind jedoch wenige, und man erkennt sie nicht auf den ersten Blick. Eins aber verraten wir: Sie sind nicht metrosexuell und taugen auch sonst nicht zum Gockel.

Was aber ist dran an den Koch-Äffchen, die zum neuen Männeridol aufgestiegen sind? Vielleicht setzen Frauen Kochenkönnen aus sehr altmodischen Gründen ganz oben auf ihre Wunschliste an Männer. Sie gehen nämlich davon aus, dass seine Kochlust mehr als Hobby ist, dass sich darin eigentlich Beziehungswünsche ausdrücken: Wünsche nach gemeinsam verbrachter, sinnlich aufgeladener Freizeit, die zu Hause verbracht wird. Er kocht, aber "eigentlich" will er Familie. Denkt sie. Und unterliegt einem Trugschluss. Denn kochende Männer wollen "eigentlich" verführen, und sonst erstmal gar nichts.

Und so lädt manch einer, der früher seine Verführungskunst in der Wahl des richtigen Restaurants und dem Griff zur Weinkarte bewies, zum ersten Date in seine Küche ein und sieht sich auf der Zielgraden direkt ins Bett. Als hinge er an der Nadel von Eventguru Jochen Schweizer, der in seinen „Erlebniskategorien" einen Männerkochkurs im Angebot hat und mit folgenden Slogans lockt: "Frauen schwach machen", "die Liebste verwöhnen", "für Bewunderung sorgen".

Wir sind diesem Event bisher glücklich entgangen und mussten uns noch nicht in der unbekannten Wohnung eines unbekannten Mannes weichkochen lassen. Aber es passiert tatsächlich in Deutschland. Täglich, wenn man den häufig gefragten Fragen in Internet-Partnerbörsen glauben mag. Es geht nicht mehr um die Frage: Gleich beim ersten Mal ins Bett?, sondern es wird gefragt: Gleich beim ersten Mal in seine Küche? Wie findet ihr das? - Ja, wie finden wir das? Ist das nicht schon „gastrosexuell"?

Exkurs: Warnung vor dem Gastrosexuellen

Der Urspung des sperrigen Begriffs „gastrosexual" liegt in England, und da sei der Kontinent davor: In Deutschland mag man diesen Anglizismus anscheinend nicht, auch nicht eingedeutsch als "gastrosexuell". Hierzulande gibt es nur ein paar Versprengte, die sich tatsächlich so bezeichnen würden, und wir verorten sie unter den Lesern der Zeitschrift *Beef*, gewissermaßen der neue *Playboy* des deutschen Hobbykochs (und wie dieser mit 90% männlicher Leserschaft).

Kurz gesagt erkennt man Gastrosexuelle daran, dass sie metrosexuell angezogen sind, sich mit der Mission „Frauen verführen" ans Kochen machen und dabei selbst schon mal angesext sind.

Deutschlands bekennender Gastrosexueller Carsten Otte outete sich in einem Hörfunkbeitrag von April 2013 mit dem Titel: „Wir Gastrosexuellen: Eine Aufklärung" (WDR3-Feature vom 27.04.2013), und im Sommer 2014 erschien dann sein Buch zum gleichen Thema. Nennenswerte Folgen wie Gastro-Selbsthilfegruppen oder Aufstieg und Verbreitung des G-Wortes in der öffentlichen Lifestyle-Berichterstattung können wir nicht erkennen. Aber Otte ist unverzagt, und zumindest von seinen Gesinnungsgenossen fühlt er sich nicht sitzen gelassen: „Wenn ich die Leute frage: Würden Sie sich als Gastrosexuelle bezeichnen?, dann sagen alle: 'Ja, eigentlich schon.'"

Weicheier! Eigentlich schon, aber dann doch lieber nicht? Immerhin zitiert Otte den "Hobbykoch" Axel Hermann, ebenfalls bekennender Gee-Ess (wir kürzen mal ab), der gesagt haben soll: „Beim

Sex habe ich nie Tränen in den Augen gehabt, aber beim Kochen ganz oft."

Herrn Hermann wünschen wir die älteren gestandenen Hobbyköche als Gesprächspartner, die ihm als erstes erzählen würden, dass das mit den Tränen beim Kochen doch eher mit den gemeinen Zwiebeln zusammenhängt, und zum zweiten, welche Tricks sie kennen, um das zu vermeiden, und zu welchen Sorten aus welchen Regionen mit welchen Messern zu schneiden sie raten würden, aber wozu überhaupt noch Zwiebeln. Am besten für den Gastro-Mann sind sowieso diese Tulpenknollen aus Gastrostan und sowieso und überhaupt. Und schon wären alle in das schönste Männergespräch verwickelt, das die müden Männeraugen zum Leuchten bringt und die kleinen Alltagssorgen wie Sex ohne Tränen vergessen lässt.

Aber entkommen wir dem Thema „Kochen ist der neue Sex" wirklich? Beim Gang durch Zeitschriftenläden, Supermärkte und Buchhandlungen springen uns die kochenden, mit diversen Geräten an diversen Apparaten hantierenden Männer in Studioambiente von zigtausend Titelblättern und Covern entgegen, so dass wir zunächst zugeben müssen: Ja, sie sind sexy, diese weitgereisten Metro-Männer mit dem englischen Grinsen, dem bronzefarbenen Italo-Bizeps, dem amerikanischen Hauruck-Appeal und dem deutschen Bubi-Strahlen, die da Gemüse hacken, Fleisch in die Pfanne hauen, Teig kneten und an Kräutern zupfen.

Seltsam, wenn wir uns aber in der realen Welt so umsehen und uns selbst und andere Frauen über ihre kochenden Männer befragen, sieht es anders aus und klingt dann so: „Na ja, das ist schon toll, dass er kocht, aber hinterher muss ich immer die Drecksarbeit machen." Oder: "Ich weiß nicht, der schwitzt dann immer so." Oder so:

„Ja, er kocht ganz gut, aber ich kann das nicht ansehen, ich geh' dann immer weg."

Nur eine der hierzu Schnellbefragten ist ganz anderer Ansicht. Sie ist mit einem Italiener liiert, und sie findet es allerdings sehr sexy, wenn er kocht. Kunststück, der ist auch sexy, wenn er nicht kocht.

So oder so : Alles männlich, alles super, alles sexy, alles neu?

Der neue Mann

Seit einigen Jahren schon klingt uns das Schlagwort vom „neuen Mann" in den Ohren. Für den, dem das Mediengeschrei entgangen ist, hier ein kurzer Abriss:

Es fing ganz harmlos an, der männliche Mann war out, weil Macho. Der un-männliche auch, weil Softie und allzu sensibler Frauenflüsterer. Dann kam Metro-Man mit seiner Revitalisierungscreme und dem Schal auch im Sommer. Metro-Man hat gerade noch die Kurve gekriegt auf seinem Trip der zunehmenden Feminisierung zum Gastro-Man und punktet damit gleich zweimal: Er sieht nicht nur gut aus mit seinem kühlenden „müde-Augen"-Gel, er brutzelt auch noch locker einen Kabeljau im Kartoffel-Kürbis-Mantel.

Am Kochtopf rüstet er sein Hyaluron-gepflegtes Ego weiter auf und präsentiert sich als der neue Mann: Der KOCHENDE Mann, der Küchen-Mann, der Frau mit traumwandlerischer Sicherheit verwöhnt und entlastet.

Super-Mann braucht Super-Frau, natürlich, und deshalb enttäuscht seine Partnerin ihn ebenso wenig: Sie scheut keine vermeintliche Männerdomäne und legt eine Super-Karriere in einem Super-Beruf hin, gerne auch mit Super-Kindern, als Extra-Zuckerli.

Soweit die markigen Etiketten.

Bis dahin war es ein weiter Weg, von den frühen 1980er Jahren, als Emanzipation und Gleichberechtigung noch längst nicht Mainstream waren und diesem Anfang die große Empörung innewohnte. Beispiel: Sitzpinkeln? Männer?? Aber Frauen konnten auch den härtesten Macho – zumindest in den eigenen vier Wänden - in die Knie zwingen: Hinsetzen!

Es dauerte auch nicht lange, bis die neue Sitte vermarktet wurde und es überall lustige kleine Kloaufkleber zu kaufen gab, die das Ansinnen der Feministinnen in Piktogramme umsetzten – denen letztlich dann wieder so etwas „Hausfrauliches" anhaftete, ein definitiv unerwünschter Nebeneffekt. Dennoch, das Verständnis wuchs, der Abschied der festgelegten Geschlechterrollen wurde eingeläutet, und jetzt stehen wir da und haben den Salat:

Alles neu, neue Rollenbilder und Aufgabenteilung, neue Arbeitszeitmodelle, neue Familienorientierung, auf jeden Fall aber neue Erwartungen an Partnerschaften – kaum eines der Schlagwörter, die als Chiffre für fortschreitende Emanzipation der Gesellschaft in Talkshows, Publikationen und Gesetzesvorhaben herumgeistern, kommt ohne dieses Etikett „neu" aus. Die Gender-Debatte mit ihren marktschreierischen Headlines und Texthülsen boomt in allen Medien und fühlt sich so richtig nach 21. Jahrhundert an. Sie wird nicht mehr aus der politischen Sprache gespeist, „Feminismus" wird höchstens als Zitat verwendet, und aus den Chauvinisten des letzten Jahrhunderts sind die Machos geworden: Der Kampfgeist ist dem Latino-chic gewichen.

Aber immerhin: In der heutigen sogenannten dritten Emanzipationswelle sind die Arbeits- und Lebenswelten soweit umgekrempelt, dass Emanzipation als Grundhaltung auch den Männern einen nur angemessen zeitgemäßen Status verleiht.

Also bitte, was ist im Drama Mann-Frau denn wirklich so neu? Schon in der *Brigitte* vom 30. November 1988, vor mehr als einem Vierteljahrhundert, gab es im Rahmen der Initiative „Kind und Beruf" einen Artikel mit dem Titel: 'Männer: Neue Väter – alte Chauvis?' Wenn wir das heute lesen, freuen wir uns über das wiedergefundene „alter Chauvi!" und finden, dass sich die Debatte keineswegs nach 21. Jahrhundert anhört: Nur kleine Spuren von Besserung, kein wirklicher Wandel. Und vor allem alles andere als neu!

Aber wir lieben die marktgängigen Labels und sind ja in Deutschland. Und die Deutschen, das sagt zumindest der Manager der Weber-Grillgeräte und Verkaufsassi der dazugehörigen Grillbibel von Jamie P. (= Purviance, das ist der Grillpapst, der andere Jamie der Küchenpapst) – also die Deutschen würden „viel mehr Neues" ausprobieren als etwa die Amerikaner. Das muss er ja wissen als „Manager vom Grill" vom „Amerikaner" mit der „Grillbibel"! Die heißt tatsächlich so und hat sich bei uns mehr als eine halbe Million Mal verkauft. "Wir sind viel offener für Neues als die Amerikaner" ... das lassen wir uns gerne auf der Zunge zergehen. Dann sind wir Deutschen also Weltmeister in „alles neu"! Klar, sind ja auch Weltmeister im „wenn schon, denn schon!" ja sowieso, seit mindestens zwei Millionen Jahren.

Also – und hier kommen wir vom Grill zurück zum Mann - braucht es natürlich dringend den ultimativen „neuen Mann". Der bei aller Feminisierung eine männliche Entschlussfreude an den Tag legt, besonders was seinen Einsatz dafür betrifft, dass die sogenannte Frauenfrage "eigentlich" keine Frage ist, sondern eine gesamtgesellschaftliche Aufgabe. Packen wir's an: Natürlich beteiligt er sich am Programm „Gleichberechtigung und Unterstützung" seiner Frau oder „der Frau an sich". Bei deren Lebensplanung, beruflichem Weiterkommen, Geldverdienen. Und keine Frage: Mithilfe im Haushalt und bei den Kindern? Klar, jeder wie er kann! Und ja, warum nicht? Wenn schon, denn schon: Auch Arbeitsteilung oder besser noch gleich das volle Programm: Demokratisierung! Auf Augenhöhe!

Uns schwindelt, und es kann nur besser werden: Unglaublich, diese Männer!

Dumm nur, dass es diesem „neuen Mann" allmählich reicht. Denn obwohl es heute zum guten Ton in allen Lebensbereichen gehört, Männerdomänen und Frauendomänen nicht mehr entlang alter Rollenklischees abzustecken oder sie gleich gänzlich als durchlässig zu erklären, ist zu der Uralt-Frage „Was will die Frau?" die neue Frage der neuen Männer hinzugekommen: „Was denn noch?"

Könnte es sein, dass die biologische Entwicklung von Männern und Frauen der gesellschaftskulturellen Entwicklung nicht standhält? Man sehnt sich fast nach archaischen Urbildern zurück – als die Männer rausgingen zum Jagen und Rivalen-Töten, und den Frauen Heim und Hof und kreischende Kinder überließen.

Ist es nicht so, dass uns die von allen Seiten ausgerufene neue Rollenverteilung überfordert?

Denn überfordert und/oder unzufrieden sind sie alle, keiner will oder kann so einfach die traditionelle Rolle abgeben. Die klassische Männer/Vaterfigur und die traditionelle Frauen/Mutterrolle haben sich überlebt irgendwie, alles fließt. Jeder schwoft im Gender-(Main)stream und scheint dessen Konsequenzen nicht bedacht zu haben. Medien und Politik gaukeln uns beständig neue Rollenbilder vor und alle versuchen, der Vorlage zu entsprechen oder sie nachzuahmen.

Doch Rollentausch setzt ein Rollenverständnis voraus, das ganz offensichtlich noch nicht so recht verinnerlicht wurde. Denn trotz des ganzen Gewese vom „neuen Mann" und der dazugehörigen modernen Frau, machen uns die neuen Helden nicht wirklich glücklich, sie tun und machen und jammern und wehklagen (vice versa, hier bekommen Männer UND Frauen ihr Fett weg).

Genau da wollen wir ansetzen, das Bild der Küche steht als Chiffre für partnerschaftliches Haushalts- und Familienmanagement sowie als Synonym für das Schlachtfeld des geschlechterkämpfenden Paares.

Ja, es gibt natürlich die Ausnahmen, und überhaupt, die nicht geschlechtsspezifischen Fähigkeiten beiderseits, davon wollen wir gar nicht sprechen. Von den funktionierenden Fällen mal abgesehen, widmen wir uns der gefühlten Mehrheit der Nation und vertrauen dabei auf schönste Political Incorrectness.

Ausgehend vom Herz des Heims, der Küche, laden wir ein, unseren höchst subjektiven Weg vom anfänglichen Staunen über zunehmenden Missmut bis letztendlicher Nachsicht mitzugehen: Anhand aller Leidensstationen, die beim Kochen plus Drumherum durchlaufen werden (Plan und Organisation beim Einkauf, Küchenaufrüstung, der Kochakt an sich, das Auftischen, das unbedingte Lob danach), und die wir im weitesten Sinne auf das heutige Programm

der Selbstoptimierung in die Rushhour moderner Biographien übertragen.

Wir wollen das spannende Thema „Kochen-Küche-Kerle"
im Uralt-Drama Mann-Frau erst hoch- und dann runterkochen, auf
dass wir mit der neuen Spezies „Mann am Herd" heiter weiterleben.

Wir wollen mit diesem Buch allen Frauen Mut machen, sich
zu ihrer Männer-Koch-Aversion zu bekennen und zu verstehen, wie
es zu dieser zunehmenden Gereiztheit kommen konnte. Wir schultern
die gesellschaftlichen Missstände und subjektiven Macken und keh-
ren hoch erhobenen Hauptes zurück in die Küche, an den Ort des
Grauens, wetzen die Messer, und stoßen den nicht ganz so ernst ge-
meinten Schlachtruf aus: Raus aus meiner Küche, Mann, die Reconquista des Herds steht an!

Dies tun wir nicht, weil wir finden, dass die Küche UNSER
angestammter Raum ist und Kochen, Nahrungszubereitung und Fütte-
rung – und natürlich die Raumpflege – genuin weibliche Domänen
sind, sondern weil uns die omnipräsente Frage „Wer macht was und
kann es besser?" grundsätzlich nervt. Und zwar nicht in erster Linie
als Frau, sondern als Erwachsene.

Das Thema muss endlich vom Tisch. Das sagen wir nicht
aus hausfraulichen Interessen, sondern aus Sorge um den häuslichen
Frieden im allgemeinen und den gesellschaftlichen im besonderen,
also – global gesehen - aus Sorge um NICHTS WENIGER als den
Weltfrieden!

Zweiter Akt

Auf Beutezug - wir heizen ein!

Früher, da war alles ganz klar, da war der Mann ein Jäger, der zielgerichtet und zweckorientiert seinem Auftrag nachging: Fallen aufstellen, Beute aufspüren, selbige jagen und erlegen und dann ohne viele Faxen nach Hause in die Höhle schleppen.
Aufessen, fertig.

Und während Caveman das Mammut zur Feuerstelle heimzerrte, war Cavewoman damit beschäftigt, mit ihren Freundinnen durch die Wälder zu streifen und Ausschau zu halten nach der ultimativen Beere: Als erprobte Sammlerin suchte sie natürlich die schönste und reifste an den günstigst gelegenen Sträuchern – nahe beim Haus, bequeme Wege, hübsche Umgebung.

Und dann sammelte sie, was nötig war, und dann noch ein bisschen mehr, noch ein paar Beeren, denn davon kann man schließlich nicht genug haben; und ihre Freundinnen sammelten auch ganz viel, am Ende konnte noch mit viel Juchhei untereinander verglichen und womöglich ausgetauscht werden.

Dann nämlich, wenn man beispielsweise seinen Auftrag vergessen hatte und auszog, ein paar Hülsenfrüchte zum Abendessen zu organisieren, aber auf dem Weg von so tollen,süßen Datteln abgelenkt wurde, da konnte man einfach nicht widerstehen und packte das Körbchen voll, auch wenn man sie gerade eigentlich gar nicht brauchte …

Männliches und weibliches Kaufverhalten können ziemlich eindeutig unterschieden werden, daran hat die Evolution kaum etwas geändert, und eine Studie der Wharton School der University of Pennsylvania bringt es auf den Punkt:

Men buy, women shop.

Seit Urzeiten gehen Männer in der Regel fixiert auf ein Produkt zu, sei es nun ein Bison oder der neue Anzug. Sie avisieren, schlagen blitzschnell zu und ziehen rasch davon, alles andere wäre blanke Ressourcen- und Zeitverschwendung. Abchecken, anlegen, zielen.

Wenn sie auf die Pirsch gehen, haben sie eine ziemlich genaue Vorstellung von ihren Beutestücken. Zielloses Bummeln ist ihnen ein Gräuel, entschlossen steuert Mann Hose und Co. an, man kennt ja seine Größe, probiert notfalls oder hält es rasch am Spiegel vor –„Passt!" - und marschiert schnurstracks zur Kasse, ohne sich von etwaigen Sonderangeboten auf dem Weg ablenken oder gar zu weiteren Käufen hinreißen zu lassen.

Wozu denn vergleichen oder womöglich noch woanders hingehen? Kommen, kaufen, und ab.

Es gibt sogar Männer, die solchermaßen lästige Aktionen von ihrer Partnerin erledigen lassen, Hose immer 36/36, Hemdgröße 52, was kann da schon schiefgehen?

Nein, eine Rose ist zwar eine Rose …, doch eine Hose ist keine Hose ist keine Hose.

Dass Jeans durchaus nicht „Jeans" ist, unterschiedliche Passformen hat, nicht immer einen schönen Hintern macht und mehr oder weniger VORTEILHAFT sein kann, registrieren sie kaum, die normalen, angenehm uneitlen Durchschnitts-Männer mit ihrer Ruckzuck-Zack-Zack-Einkaufsmentalität.

Während Männer eher rational beim Kaufen sind – niemals werden sie den enormen Schuhbedarf mancher Frauen verstehen – verhalten Frauen sich oft unschlüssig und nicht so linear. Sie prüfen minutiös - Umkleidekabinen sind ihre zweite Heimat - und sie scheinen sich pudelwohl zwischen gut gefüllten Regalen und Kleiderstangen und Theken und Vitrinen zu fühlen. Einkaufen ist Freizeitspaß, man bummelt mit der Freundin, sitzt zwischendurch im Café: Sehen und gesehen werden. Frauen können Stunden in Shopping Malls verbringen – nicht selten sogar ohne konkrete Kaufabsicht -, während es Männer so rasch wie möglich hinausdrängt.

Außer, wenn es dort Autos gibt vielleicht.

Selbstverständlich gibt es auch Frauen, die lieben Autohäuser und Baumärkte, vermeintlich typische Männerdomänen, genauso wie sich viele Männer für die traditionell weiblich belegten Produkte Mode und Kosmetik interessieren und Lippenpflegestifte sowie Halstücher horten. Doch Männer und Frauen unterscheiden sich darin, auf welche Art sie kaufen.

Frauen vergleichen automatisch Preise und Qualität, können sich nicht entscheiden, rennen von einem Laden zum anderen, "gibt's dort eventuell günstiger", probieren endlos und kaufen am Ende gar nichts oder etwas völlig anderes. Spontan eben, aus Lust. Ganz zu schweigen von den sogenannten „Frustkäufen".

Schick mal einen Mann und eine Frau mit derselben Mission los: In der Regel kommt ER innerhalb einer Stunde mit dem Gewünschten zurück. SIE braucht mindestens dreimal so lang und hat auch dreimal soviel eingekauft, eventuell befindet sich sogar der in Auftrag gegebene Gegenstand darunter …

Klischees? Natürlich - wie immer handelt es sich hier um statistische Durchschnittswerte, und wie immer bestätigen die Ausnahmen die Regel.

Sehr zu empfehlen zu diesem Thema sind die Fotos von Matt Toko mit dem bezeichnenden Titel „Miserable Men". Darauf ist das ganze Elend wartender, verzweifelter, erschöpfter Männern aller

Erdteile dokumentiert. Sie sitzen auf harten Bänken, stehen geduldig vor prachtvollen Kaufhäusern, kauern am nackten Boden, in Agonie oder von unendlicher Resignation übermannt. Umgeben von Myriaden von Einkaufstaschen, die ein oder andere selbst noch im Schlaf zuverlässig umklammert, warten sie tapfer auf ihre offensichtlich shoppenden Begleiterinnen."Ich fühle ihren Schmerz", heißt es in dem Account auf Instagram.

Doch die geschlechtsspezifischen Verhaltenstendenzen beim Kauf- und Konsumverhalten scheinen sich aufzuweichen, besonders beim Thema Kochen und Küche, das in vergangenen Zeiten eher nicht den ausgewiesen männlichen Vorlieben zugerechnet wurde.

Das Einkaufen von Lebensmitteln für den täglichen Bedarf war immer eine weibliche Domäne. War es aber auch eine weibliche Vorliebe? Welche Frau würde den Versorgungseinkauf im Supermarkt „shoppen" nennen? Da liegen Welten dazwischen. Shoppen ist Spaß, Einkaufen ist Stress. Denn Einkaufen erfordert Hardskills, die doch eigentlich als typisch männlich gepriesen werden: Budgetplanung, Lagerhaltung, Terminsicherheit. Wie viele Männer kennen wir, die das täglich in ihrem Job stemmen, im Haushalt aber nicht hinkriegen? Das managt die begnadete Hausfrau: Überschlagskalkulationen, während der Einkaufswagen befüllt wird; Kühlschrank heute morgen halb voll, aber halb leer, was das abendliche Essen betrifft; anstehende Kindergeburtstage oder übermorgen zu erwartende Gästen; Bevorratung von Feiertagen, die vor oder nach Wochenenden liegen; und dann kann auch immer das Klopapier wieder mal am Ende sein.

Bei all dem stellen Männer sich heute wie früher noch gerne doof. Es sind diese häuslichen Feinarbeiten inklusive Wäsche- und

Raumpflege, bei denen sie das Feld großzügig ihren Frauen überlassen und höchstes Lob damit verknüpfen: „Mach du lieber, das kannst du viel besser als ich!“

Diesen alten Trick benutzen sie aber immer im gegenseitigen Einvernehmen mit den Frauen, denn die haben das genauso drauf, dieses „das kann ich irgendwie nicht, mach du mal“.

Dabei zielen Frauen in der Regel auf alles Grobe: Was Lärm macht wie Nageln, Hämmern, Dübeln oder Kraft erfordert, z.B. Sachen Schleppen (außer komplett das Zimmer umräumen, was tatsächlich eine weibliche Vorliebe ist), ferner alles, das eine gewisse Kennerschaft beim Auf-, Ab- und Zuschrauben verlangt (ausnahmslos). Aus eigener Erfahrung müssen wir Letzterem begeistert zustimmen: Das können Männer besser, weil sie Sachen draufhaben wie „Schrauben haben Rechtsgewinde“. Selbst wenn wir uns diesen Merksatz, mit dem man eine komplette Großfamilie einschließlich Hund durchs Leben bringt, ein für allemal merken, ihn aufschreiben, im Portemonnaie mit uns tragen, ihn überall, wo er zum Tragen käme, auf kleinen Post-its hinpappen – es hilft nichts. Es bleibt immer die Frage „klar, nach rechts, aber auf oder zu?“ Wie gut, wenn im entscheidenden Moment jemand zur Stelle ist, der das zufällig oder ganz sicher weiß … Da kommt wieder der Mann ins Spiel.

Unsere sanfte Nötigung: „Mach du mal, du kannst das besser“, klingt ihm in den Ohren, denn in Wirklichkeit sagen wir damit: „Du bist stark und klug, DU BIST DER MANN!“ Das fegt jegliche Unlust, sich aus der plattgesessenen Kuhle vom Sofa zu erheben, unfehlbar vom Tisch: Er wird gebraucht, kassiert Bewunderung, heimst höchstes Lob ein, und zur weiteren Belohnung gibt es ein kleines Sahnestückchen obendrauf: „Dafür musst du mir heute auch nicht beim a) Abtrocknen, b) Müll raustragen, c) Socken aufheben helfen.“

Gebongt! Feine Sache, dieses Spiel „Du bist der Mann, du bist die Frau" aus den guten alten Hausfrauenzeiten, als Männer ohnehin schon weitestgehend von allen Haushaltspflichten, die mit Planung, Ordnung und Sauberkeit zu tun, freigesprochen waren, weil sie es „nicht so konnten". Zum Beweis stellten sie sich ungeschickt an, machten alles kaputt oder schlimmer als vorher, und dann hatten sie die Frauen in Rufweite und ihr Subtext lautete: DU BIST DIE FRAU! So richtete sich jeder und jede in diesem funktionierenden Tauschhandel ein. Die im heutigen Vergleich sehr niedrige Scheidungsquote in den voremanzipierten Zeiten des letzten Jahrhunderts zeigt ja deutlich, dass das für alle Beteiligten besser war, haha.

Natürlich ist das Gottseidank heute anders. Da ist nämlich allen völlig unklar, wer der „Bestimmer" oder die „Bestimmerin" ist, da geht es demokratisch zu: Alle bestimmen, wann und wozu sie gerade Lust haben. Das macht Spaß, führt aber leider zu Alltagserscheinungen wie jene, dass man nachts erwachsene Frauen im Schlafhemd barfuß auf dem Balkon oder gefährlich weit aus dem Fenster gelehnt hektisch an einer Zigarette ziehen sieht, weil ihre Töchter ihnen verboten haben zu rauchen - Weißmehlbrötchen mit Butter und fiesen Schmelzkäse-Scheibletten übrigens auch! Das konsumieren sie dann ebenfalls heimlich, nach dem offiziellen Gesundfrühstück, während die Brut in der Schule sitzt mit Biokressedinkelschnitte im Gepäck. Aber die Frage „Wer ist hier das Kind?" ist ein weites, zu weites Feld. Wir bleiben bei den Erwachsenen, und da gibt es neue Klarheiten.

Rollenzuschreibungen qua Geschlecht entbehren heute jeglicher Akzeptanz, gesamtgesellschaftlich gesehen, quer durch alle Lager und Parteien bis in die ausgefransten Ränder. Kein Mann würde sich mehr trauen, eine Frauenquote abzulehnen, weil Chefsein Männersache sei. Obwohl Männer natürlich weiterhin genau dieser Meinung sind. Die lässt sich aber besser durchdrücken, indem sie den Spieß einfach umdrehen. Jüngst konnte man den Zeitungen, darunter der maßgeblichen *Zeit*, entnehmen (vom 9. Oktober 2014), dass sich eine Männerfraktion zu Wort meldet, die gegen die Quote aufbegehrt. Nicht, weil sie gegen Frauen ist, sondern weil sie die freie Wirtschaft schützen will. Es wird sogar eine Männerquote gefordert.

Das wurde aber auch Zeit, finden wir! Schluss mit der Subventionierung der Geschlechtsgenossinnen, her mit der Männerquote für die traditionell von Frauen dominierten Spitzenpositionen und mittleren Führungsebenen - zum Beispiel in sämtlichen staatlich geförderten und auch privaten Einrichtungen zur Betreuung, Betüttelung, Bewachung und Bespaßung von zu kleinen, zu alten, zu renitenten, zu ungeschulten, nicht fertig erzogenen Mitbürgern und Mitbürgerinnen: Sind es nicht die Besten der Männer, die als Quote in die Kitas, in Seniorenresidenzen, Heime aller Art und Schulen, vor allem in Grundschulen und Förderschulen, drängen?

Welche Frau würde sich hier in den Weg stellen? Keine einzige! Es sei denn, das Gehalt würde dann nicht so wirklich reichen. Aber solange der eigene Mann sich nicht als Grundschullehrer verdingt oder die Tochter tatsächlich an diesem Typ kleben bleibt, der Erzieher werden will, solange sind wir alle unbedingt dafür: Männer in Frauendomänen! Im Berufsleben wie im Alltag soll nicht mehr das Geschlecht darüber entscheiden, wer was macht, sondern die Kompetenz.

Kompetenz ist überhaupt eine tolle neue lösungsorientierte Kategorie, mit der man alle Lebensunklarheiten wie Aufteilung von

Hausarbeit in den Griff bekommen könnte. Denn Kompetenzen sind eindeutig erworben, nicht angeboren. Bügeln zum Beispiel ist auch eine Kompetenz. Oder Wäsche zusammenlegen, Bad putzen und so. Wer sich nicht bewusst dumm stellt, kriegt das hin. Kochen übrigens auch. Kochen ist alles andere als weiblich oder männlich. Es ist eine Fertigkeit, die man so im Lauf des Lebens lustig oder unlustig vor sich hinkochend irgendwie erwirbt.

Die Frage sollte heute also nicht mehr lauten: Wer ist die Frau, wer ist der Mann? Sondern schlicht: Wer macht was? Antwort in modernen, demokratiegestützten Haushalten: Irgendwie Halbe-Halbe. Und von Fall zu Fall je nachdem, wer ein bisschen Zeit dafür hat, zu Hause zu sein, und es tun kann (Übung macht den Meister, jaja!) und nicht etwas anderes tun muss (die Arbeit ruft, die Freunde, das Hobby!) oder tun will (die Arbeit ruft, die Freunde, das Hobby!). Und hier kommt eine Uralt-Kategorie ins Spiel: Lust bzw. Unlust, die dann doch wieder zum gefühlten Kompetenzgefälle zwischen Mann und Frau führt.

Es gibt ein neues altes „Du kannst das besser", was im Klartext heißt: „Kann ich zwar auch, aber das liegt mir nicht so … ich kann was anderes besser". Und das semmele ich meiner geliebten anderen Hälfte so überzeugend hin, dass sie mich nie wieder darum bitten wird.

Wer kennt nicht die Jungs, die in eine Weißwäsche rote Socken stopfen, das Ganze bei 100 Grad dreieinhalb Stunden kochen lassen und dann ganz verzweifelt vor der rosa Ladung stehen: Schatz! Tut mir sooo leid!! Irgendwie kann ich das nicht. Ich kauf dir alles neu!!! - Neu!?! Das Kleid hab ich vor zwanzig Jahren von meiner Tante bekommen, und die hat es in den Siebzigern in London gekauft. DAS WAR VINTAGE!!! Lass einfach die Hände von meinen Sachen in Zukunft, überhaupt von der Wäsche. Das mach ab jetzt NUR ich.

Fein, gebongt, denkt sich der Held der Hausarbeit, der hundertprozentig überhaupt keine Lust dazu hat, sich um die Wäsche zu kümmern, und gibt einen Abend lang den geprügelten Hund. Die Belohnung kann dann schon mal Trösten und bekräftigter Freispruch sein: „Ach komm, jetzt guck nicht so traurig die ganze Zeit, sooo schlimm ist es auch nicht, das Kleid war sowieso zu eng, ich kauf mir vielleicht tatsächlich ein neues. Nein, ich bin jetzt nicht auf ewig sauer. Ja, die Wäsche mache ich in Zukunft."

Im harten Job zieht diese Nummer übrigens nicht. Idealerweise. Gut, dass es diese ausgekochten Personaler gibt, die das inzwischen vorher professionell abklopfen. Sie sprechen in Fällen, wo sie wissen wollen, ob man seinen Job nicht nur einfach kann, sondern es liebt, ihn zu können, von „Affinität". Sie fragen also nicht mehr: Können Sie Englisch? Sondern: Sind Sie Englisch-affin? Dies erfuhren wir von einer Frau, die ein beinhartes Bewerbungsgespräch zur Assistentin der Vertriebsassistentin absolviert hat. Ob sie Excel-affin sei, wurde sie ungefähr in der Mitte des Gesprächs von der Personalerin gefragt. „Excel-affin?" wiederholte die Bewerberin und lachte kurz. Sie hoffte, dass es nicht verlegen klang, und wusste nicht so recht zu antworten … Und schon kam die Rückfrage, blitzschnell und mit unnachgiebiger Miene: Warum LACHEN Sie??

Ihr schoss kurz durch den Kopf zu antworten: Naja, das Wort ist so lustig. - Aber sie ließ es lieber. Natürlich konnte sie Excel, aber sie würde doch nie im Leben von sich behaupten, sie sei „affin"! Sie fragte uns, ob so eine Frage nicht irgendwie auch übergriffig sei –

so wie wenn abgefragt würde, ob man drogenaffin sei. Schon eine Affinität zu etwas zu HABEN, klänge doch immer ein bisschen suspekt, oder? Und dann erst, affin zu SEIN? Wir bejahten und verneinten gleichzeitig: Das sei eben dieser Jargon, mit dem abgeklopft werde, ob die Kombi „Ja, ich kann das" und „ja, ich liebe es" vorliege, der Schlüssel zur Performance. „Performance?" fragte sie und lachte. Schon wieder.

Was wir gelernt haben aus dieser Begebenheit, ist eine neue Variante des alten Tricks, sich zu drücken. Wie würde das klingen, wenn wir das nächste Mal darum gebeten werden, schnell mal ein Hemd für morgen zu bügeln: „Ich könnte das zwar, klar, aber ich bin da nicht so affin"? Gut, oder? Und so selbstbewusst: klare Einschätzung der eigenen „Schwächen", Vollprofi. Kann man schwer was dagegen sagen.

Da fällt uns die wachsende Anzahl vorwiegend junger Frauen ein, Marke Generation Y, Jahrgang plus minus 1990, die längst volljährig geworden, unerschrocken behaupten, sie könnten nicht kochen. Ist das nicht eigentlich richtig schlau? So wie ihre Großmütter sagten, sie könnten keine Glühbirne einschrauben und keine Fahrräder flicken? Jetzt haben wir also die Neu-Auflage: Die jungen Frauen, die mit beiden Beinen im Job stehen und aus gutem Grund keinerlei Bedürfnis an den Tag legen, Hausfrauenqualitäten zu entwickeln oder zur Schau zu stellen, stellen sich hin und sagen erst einmal: Kochen? Kann ich nicht!

Abgesehen von den wenigen Fällen, in denen das zutrifft, können sie es aber vielleicht doch! Es ist nur nicht so ihr Ding! Sie haben dafür unser vollstes Verständnis. Denn wer einmal behauptet, er könne gut kochen und möge das auch ganz gern, der wird es wieder machen müssen. Immer und immer wieder, nicht nur nach Lust und Laune!

Diese Frauen wissen offensichtlich, wie sie einen Kerl mit ihrem „Nö, kann ich nicht" entweder umgarnen, wenn er ein ambitionierter Hobbykoch ist (er fühlt sich geschmeichelt und motiviert), oder schnell wieder loswerden, wenn er findet, dass Frauen kochen können sollen.

Also stellen sie frühzeitig die Weichen, drücken sich einfach nur gut aufs Sofa, haben Hunger und freuen sich auf ein feines Essen, ohne sich groß Gedanken zu machen, wie das zustande kommt und ob der Typ das immer macht und was das über sie und ihn und eine gemeinsame Zukunft sagt.

So sind sie, die Furchtlosen der Generation Y! Und so sind auch ihre männlichen Altersgenossen: Frau hockt da und kann nicht kochen, während er in seine höchstpersönliche Küche stolziert, ganz der neue Mann, dem es völlig egal ist, ob sie kochen kann und will oder nicht. Er kann es nämlich selber. Und zwar besser sowieso, aber es macht ihm auch noch SPASS. Er ist buchstäblich koch-affin, und deshalb ist das SEIN Job.

Hielt sich der Mann bisher in der Küche auf, um ein Fertiggericht in der Mikrowelle zu schmeißen oder ein Spiegelei in die Pfanne - oder vielleicht sogar um die Spüle zu reparieren oder Rollos zu montieren -, betritt er sie nun in der Absicht, darin zu kochen. Und zwar richtig, mit Schmackes. Mit Rezept und richtigen Zutaten. Nicht mehr der Lieferservice kommt, sonder ER lässt es krachen.

Denn das ist ja so cool, das machen die anderen auch! Und schließlich ist der Weg von der archaischen Feuerstelle zum High-Tech-Herd mit integriertem Dampfgarer über den Gartengrill eigentlich gar nicht so weit und nur logisch, oder?

Männer geben nicht gerne ihre Reviere auf, ohne neue im Blick zu haben. Auto-Basteln geht nicht mehr, höchstens bei Oldtimern, an die Elektronik trauen sich die wenigstens ran, Videorekorder müssen nicht mehr programmiert werden - die gibt's gar nicht mehr -, Frauen kacheln Bäder inzwischen selbst, bauen gutgelaunt alleine Regale zusammen, und Touchscreens haben Einzug gehalten in die restliche Haushaltstechnik, kurz: Die Hobbys für Männer in Haus und Garage sind wegdigitalisiert oder werden jetzt von den Frauen selbst erledigt. Also wird nach Ersatz gesucht, und schlau wie sie sind, die Männer, zielen sie auf das Zentrum des Geschehens, das Herz des Heims: Die Küche. Sie bringen sich mit ihrem neuen Hobby jetzt mal voll ein, sie entlassen die Frauen vom gehassten Herd, sie kümmern sich um aller leibliches Wohl.

Was das alles nach sich zieht, weiß Frau aber erst, wenn es zur gemeinsamen Haushaltsführung kommt. Sie muss nicht kochen, aber dafür bleibt ihr der ganze Rest, außer Einkaufen. Auch das erledigt er. Das kann er nämlich auch besser! Also nicht einmal mehr die kleinen Fluchten vor der innerhäuslichen Hausarbeit in die Welt da draußen sind ihr vergönnt, es sei denn, sie kauften zusammen ein …

Zusammen einkaufen?

Dazu folgende Geschichte von einer, die es liebt, Lebensmittel einzukaufen. Natürlich nicht à la „immer und tagtäglich und in letzter Minute noch schnell raus für Milch" - aber am Wochenende, wenn mal Zeit ist, Delikatessen aussuchen, zum Schnabulieren, vielleicht dies und das auf Vorrat … Am schönsten findet sie ja einen Einkaufsbummel zu zweit, als Paarprogramm: über'n Markt schlendern, ein bisschen scherzen, sich gegenseitig fragen, worauf man denn mal wieder Lust hätte, das alles nicht so ernst nehmen, wenn von ihm „Schweinebraten!" kommt, ein Kaffee zwischendurch in ihrem Lieblings-Bistro mit Häppchen, die sattmachen bis zum nächsten Morgen (vergiss die Einkäufe, Schatz, wir kochen heute nicht und machen was Schönes zusammen), und so weiter und tralala und hoppsassa – hach, wie reizend!

Er jedoch mag nicht. Einkaufen schon, aber nicht zu zweit. Bei einem zähen, missmutigen Frühstückgespräch stellt sich schließlich heraus, dass es Gründe dafür gibt.

Erstens: Es geht schneller allein (stimmt nicht).

Zweitens: Er lässt sich nicht gerne reinreden und bevormunden (stimmt).

Drittens: Ist schließlich sein Ding, das Kochen, und dazu gehört auch das Einkaufen (stimmt das?).

Viertens: Sie langweilt sich dabei doch nur, er will wirklich nur Essen einkaufen, Kaffee trinken kann er auch zuhause, dazu muss er nicht ins Bistro (wenn das so ist, stimmt das).

Und Fünftens: Es macht keinen Spaß, wenn sie dauernd fragt, wozu er denn jetzt dies und das noch braucht und dass im Kühlschrank noch eine ganze Packung Chilischoten ist und sie nicht glaubt, dass es irgendwo in der Stadt junge japanische Hungerbohnen gibt (also siehe Zweitens, und das stimmt, und siehe Erstens, was nämlich überhaupt nicht stimmt, es dauert STUNDEN).

Sie lässt sich das alles durch den Kopf gehen und beginnt nachdenklich die Wäsche der Woche zusammenzulegen, während er sich auf den Weg macht („also bis gleich!"), präpariert mit einer Liste ungefährer Zutaten aus allerlei Quellen, kreativ gestimmt, hungrig, abenteuerlustig: Da ist er doch mal gespannt, was der Käsemeister in seiner kleinen Hütte am Rand des lauschigen Vorstadtmarktes heute auf der Theke liegen hat …

Wenn es der in Lorbeer gewickelte Ziegenkäse ist, dann schlägt er zu, dann gibt es den als Vorspeise, und dann braucht er noch dies und das und jenes und vielleicht das da und Schlag-mich-tot, und wenn nicht – kein Thema, es gibt immer einen Plan B, er checkt dann schnell seine Koch-App. Dazu muss er sich setzen, oh, da ist ja noch ein Tisch frei, im Lieblings-Bistro seiner Freundin, ihr Lieblingstisch unter den Bäumen, da trinkt er jetzt einen schnellen Espresso, wenn sie das wüsste! Nach dem Markt dann ein bisschen in die Riesenfeinkostabteilung und da mal gemütlich die Regale ab-schlendern. Er braucht geeiste Kapern, wer weiß, was es da noch so gibt.

Das Klischee, dass Männer gezielt einkaufen, während Frauen shoppen, also ziellos durch Läden streunen und gewissermaßen kolla-teral unterwegs sind, was Männer zur Weißglut treibt - und in ihre Partykeller mit Kumpels, Pizza und Glotze -, dieses Klischee wird von unseren Hobbyköchen ganz schön widerlegt, obwohl sie viel-leicht trotzdem alle ins Kino laufen und sich bei „Männerhort“ mal wieder so richtig totlachen können. (Oder ist es Nostalgie, die sie in diesen Film zieht? Wir vermuten, sie sitzen im Kino und sind einfach nur traurig: Das waren noch Zeiten, als echte Männer im Hobbykeller Chips in sich reingestopften und es so richtig knallen ließen, während oben die Frau saß mit dem fertigen Essen und sauer und saurer wur-de.) Doch das hat sich geändert, jetzt muss der Mann zum Gemüse-markt, am Herd stehen und veganen Pudding kochen, während sie mit der Handsägemaschine im Wald unterwegs ist.

Die neuen Jagdgründe

Früher kannten die wenigsten Männer Steckrübe oder Petersilienwurzel, sie waren nur in der Lage, die Einkäufe ordnungsgemäß zu erledigen, wenn die vorausschauende Partnerin das Gemüse auf der Einkaufsliste illustrierte, gerne auch farbig, und auf selbiger die zu besorgenden Produkte möglichst nach Laufrichtung im jeweiligen Supermarkt sortierte.

Tja, früher. Wusste der gemeine Mann vor kurzem noch nicht einmal eine Frühlingszwiebel vom Lauch zu unterscheiden, so agiert er heute Gomasio-gestärkt souverän von Tapioka bis Topinampur und nervt mit unökonomischen bis sinnlosen Lebensmitteleinkäufen. Aus dem einstigen kühlen Jäger ist ein zaudernder Sammler geworden, das bisherige knappe „zahlen und gehen" wird zum lustvoll-sinnlichen Ausspähen und Vergleichen – zumindest, wenn es ums Kochen geht.

Früher, vor gefühlten ganz wenigen Jahren noch, sah man am Wochenende gelegentlich Männer beim Einkaufen, die durch Supermärkte tigerten, einen vermutlich von der Gattin handgeschriebenen Zettel abarbeiteten und am Ende mit einem gefüllten Einkaufswagen an der Kasse Schlange standen und flirteten, was das Zeug hielt. Das waren die ersten „neuen Männer", die ihre Frauen auch mal entlasteten und mit der klassischen Einkaufsliste den Wochenendeinkauf machten. Unmännlich kamen sie sich zwischen all den mit anstehenden Frauen gar nicht vor, im Gegenteil: Allein unter Frauen, als einkaufender Mann im Supermarkt. Supersüß!

Ob dann alles und exakt das nach Hause getragen wurde, was auf dem Zettel stand – und in angemessener Zeit -, ist eine andere Frage.

Hier haben wir vollstes Verständnis und bedingungsloses Mitleid mit dem Mann mit dem Einkaufszettel in der Hand und einer nur vagen Vorstellung im Kopf, wozu das alles und auf welche Weise zum Kochen geeignet sein könnte. Wir wünschen niemandem den Stress an den Hals, wenn auf der Liste Schnittlauch steht und weit und breit keiner ausliegt, rumsteht, mit Schild versehen ins Auge fällt. Dann nämlich tun sich drei Alternativen wie ein Abgrund auf, in Zeiten, als es noch keine Handys für Rückfragen gab sowieso, aber auch heutzutage, wenn der Akku leer ist:

1. Nehme ich was anderes, irgend etwas Ähnliches? 2. Oder lass ich Schnittlauch dann eben weg? 3. Oder such ich woanders und brauche dann drei Stunden länger? - Komplett unmöglich, hier das Richtige zu tun, weil das launische Weib nämlich genau drei verschiedene Reaktionen zeigen kann, die unmöglich kalkulierbar sind:

Bei Alternative 1 - etwas anderes wäre zum Beispiel Petersilie oder Frühlingszwiebeln - wird zwar die Kreativität gelobt und die Warenkenntnis, dennoch null Punkte: „Schatz, ist lieb gemeint, aber Schnittlauch ist Schnittlauch! Was soll ich mit dem anderen Zeug. Dann lieber gar nichts!" Bei Alternative 2 – einfach weglassen – wird es heißen: „Ja aber dann wenigstens Petersilie, oder Frühlingszwiebeln, mein Gott, halt irgendwas ähnliches, du bist wie ein Kind, alles muss man aufschreiben!" Und bei Alternative 3: „Meine Güte, seit STUNDEN warte ich hier, ich dachte schon, dir ist was passiert, und das alles wegen dem dummen Schnittlauch. Das geht doch auch ohne!"

Das Wochenende könnte mit Desaster beginnen, es sollte doch ein schönes werden, und es wird es dann auch: Sie ist nämlich gnädig gestimmt und nimmt, was sie aus den am Boden hingesackten Einkaufstüten für brauchbar hält, und dann kocht sie was zusammen.

Nein: nicht zusammen kochen, sondern etwas zusammenkochen, aus den Zutaten, die zur Hand sind. (Hier rühmen wir die Feinheiten der alten Rechtschreibung, die Ruhe und Ordnung in unser aller Leben brachten: Schnell was zusammenkochen und dann zusammen essen.)

Jetzt beobachten wir an einem beliebigen Werktag folgenden lustigen Rollentausch:

Junge Frau mit Handy am Ohr in unserem Nachbar-Öko-Bio-Grün-und-Frischmarkt, leicht vornübergebeugt die untere Reihe der hölzernen Stellagen mit gemeinen Feldfrüchten von Kartoffeln über Petersilienwurzeln zu Kohlrabi mit den Augen abgrasend und gereizt nachfragen: „Schatz, ich bin's, sag mal, wie hieß das nochmal, was du brauchst? (Pause) Wofür, für deine Hühnersuppe! (Pause) Okay, Karotten, ja, hab ich. Und dann? Stange Lauch? Wieso 'ne *Stange*?? Hier stehen keine, haha. (Pause) Ja, ist ja gut, also Lauch, dann sag doch einfach Lauch. Und noch? (Pause) Wie heißt das?? Sellerie, ach ja, bestimmt Sellerie*stangen*." Sie grinst.(Pause) „Ach so. Keine Stangen. Wieso jetzt auf einmal keine Stangen? (Pause) Mann, also gut, ja, Knolle! Bin ja nicht blöd. Was? Noch was?? Petersilienwurzel, okay. (Pause) Und wie soll so was aussehen? (Pause) Woher soll ich das wissen!? Außerdem gibt's das hier nicht. (Pause) Nein, gibt es nicht!!! Okay, alles klar. Ja, du mich auch!"

Na bravo, da wartet der Hobbykoch zu Hause, der, wenn es um Stange, Knolle, Wurzel und Co. geht, keinerlei Humor mehr hat (haben Köche überhaupt Humor? Passen Hobby und Humor zusammen?). Es wird sowieso eine Notlösung gewesen sein, normalerweise geht er selbst einkaufen.

Er, der das früher hasste und absichtlich das Falsche mitbrachte, damit SIE wieder loszog, kultiviert es heutzutage als Freizeitritual, verhält sich nun fast wie ein Mädchen und streunt stundenlang durch Fischgeschäfte und drückt sich vorbei an kilometerlangen Regalen, um den schärfsten Bergpfeffer und die blaueste Kartoffel zu finden. Da wird gesammelt, was das Zeug hält, entweder im Internet oder direkt auf dem Wochen- oder Supermarkt, wo auch viele Verkäufer bezeugen können, dass Männer „anders" Lebensmittel kaufen, ausgefallener. Exquisit soll es sein - Schinkennudeln? Um Gottes Willen, es muss schon mindestens selbst ausgerollte Cannelloni oder die Dorade im Salzmantel sein, wenn er kocht. Der Jagdinstinkt fokussiert sich auf die köstlichsten Rehfiletspitzen und den prachtvollsten Granatapfel.

Denn er ist überzeugt davon, dass Frauen, die sowieso nicht richtig kochen können, erst recht nicht einkaufen können. Sie tun es zwar weiterhin, auch Fleisch und so, aber man ist versucht, ihm Recht zu geben, denn das sieht mitunter so aus:

Aus dem Prenzlauer Berg wird von Biofleischern berichtet, die von ambitionierten Jungmüttern einen Farbausdruck vom online-Kochbuch über die Theke gereicht bekommen, auf denen das fertige Menu abgebildet ist. Oder sie zücken eine herausgerissene Seite aus einem Magazin, ein Bild mit Braten, und fragen, welches Teil vom Tier man denn dazu benötige:

„So ein Stück Fleisch bitte, wie auf dem Foto", möchten sie dann und reichen mit der freien Hand eine Bio-Möhre in seltsame, futuristisch anmutende Fahrzeuge, Kinderwägen, die man nur noch als solche erkennen kann, weil Kinder darinsitzen, die an Gemüseschnitzen kauen.

Das Fleischstück wird dann scheel gemustert (na ja, muss man sich nur mit Sauce vorstellen) und zum garantiert unbelasteten Bio-Katzen-Trockenfutter gepackt. Keine Ahnung von Rind, Huhn oder Lamm, keine Angabe zur Menge, einfach das da auf dem Foto. Das Rezept herauszureißen haben sie vergessen.

Tja, aber unsere neuen Männer, die Fleisch-Versteher und Einkaufsexperten. Mit vielen Worten, mit sehr vielen, erklärt der kochende Mann dem verdutzten Fachpersonal an Gemüsestand oder Wurst-Fisch-Fleischtheke, was er wie zuzubereiten gedenkt, egal, ob all die umstehenden Ungeduldigen in der Warteschlange das hören wollen oder nicht. Ausführlich wird dem geneigten Publikum erklärt, warum man exakt dieses Produkt in exakt dieser Stückzahl benötigt:

„Also ...", der Typ an der Bio-Fleischtheke überlegt nicht lange, „eins von diesen Schweinefilets, das vordere", und wird kurz gesprächig: „Das ist für meinen Sohn." Der Metzger nickt. Dann geht's aber gleich weiter: „Und vier von den Lammkoteletts. Die sind fürs Wochenende, da kommt Besuch. Ach, vielleicht noch ein Stückchen vom Rücken."

Der Metzger nickt abermals und führt konzentriert seine Handgriffe durch. Der Käufer schwafelt währenddessen etwas von Petersilien-Gremolata und warum er diese dann doch der Schoko-Olivenöl-Sauce vorzieht, der Metzger nickt und hackt. Ein effizientes Team, die beiden, ganz bei der Sache wenn es jetzt noch um 120 Gramm Rinderhack und drei, oder nein, doch vier Scheiben von diesem Landschinken, für die „Tomaten Crostata" geht. Und aus welcher Region überhaupt, „wirklich von diesem Biohof?" kommt der Schinken, respektive das arme Schwein.

Währenddessen bekommt die Frau hinter dem 120-Gramm-Einkaufswunder in der Schlange eine Panikattacke:

Wie lange braucht der noch? Und was brauche ich überhaupt, der macht einen ganz kirre, der Schwätzer. Verdammt, meine Mittagspause ist gleich zu Ende. Hat der sonst niemanden zum Reden? Und was bitteschön ist eine „Gremolata" überhaupt und wozu nur 120 Gramm Hack? Blöder Koch-Nerd, 'ne einfache Bulette tut's ja wohl nicht.

Zu diesem Thema noch die Geschichte von zwei befreundeten Paaren im Sommerhaus an der Mittelmeerküste, das zur Freude der Männer eine kolossale Außenküche mit Fischwaschbottich und Grillanlage besaß. Die Männer, die sonst allergisch reagieren auf die Frauenfrage: Was machen wir heute Abend Schönes?, die es hassen zu planen und auch im Urlaub „festgenagelt" zu werden, sie spuckten sich über dem morgendlichen Kaffee vergnügt in die Hände und riefen unisono: „Was kochen wir denn heute Abend Schönes?"

Jeden Morgen! Und das, wenn man noch nicht mal den Kaffee verdaut hatte. Und am Abend dasselbe Spiel: Während man noch den fangfrischen Calamar verdrückte, wurde bereits über das Essen des nächsten Tages diskutiert.

Die meinten es ernst!

Anstatt die Urlaubstage vorüberplätschern zu lassen in wohltuender Plan-und Ziellosigkeit – vielleicht mittags in die kleine Fischbar am Hafen, vielleicht aber auch nicht, vielleicht abends in die Taverne, zum Weintrinken, oder auch nicht -, machten sie Kochpläne!

Dazu gehörten auch Streifzüge durch die riesigen überdimensionierten Supermärkte, typisch für Südeuropa, ein Eldorado und Faszinosum für jeden wahren Chefkoch. Ausdauernd wurden die Regale abgeschritten - je mehr Kilometer desto besser-, begeistert meterhohe Käsepyramiden fotografiert, furchtlos die Haushaltsabteilung begutachtet. Der ganze Mann auf „Riecher" eingestellt: „Guck mal, da hinten kann man auch Tri-Bikes kaufen!"

Während die Männer ekstatisch auf Beutezug waren, distanzierten sich ihre Frauen leicht verstört von diesem Shangri-La. Sie setzten sich in ein Cafe in Kassennähe und übten sich in gegenseitiger Verabreichung von Lebenskunst: „Lass sie doch. Die kommen schon wieder. Und wann hat man schon Zeit, die *Zeit* von vorne bis hinten zu lesen." - „Stimmt. Wir haben schließlich Urlaub. Ich hol mal schnell Milch und Eier. Rühr dich nicht vom Fleck, bin gleich zurück."

War sie auch, und Milch und Eier waren es, was gebraucht wurde. Essen vom Vorabend war noch reichlich da.

Die Männer kamen nach Stunden, mit an den Rand gefüllten Rieseneinkaufswagen und leuchtenden Augen. Es kümmerte sie nicht, dass die Frauen von ihren Einkäufen nur mäßig begeistert waren, "jetzt haben wir alles doppelt, wer soll das essen?", dass keiner eigentlich einen 12er Pack farbenfroher reduzierter Kopfkissenbezüge oder faltbare Gemüse-Seiher brauchte und im Ferienhaus-Kühlschrank noch kiloweise Möhren lagerten.

Nein, diese Möhren sind viel besser. Auch viel hübscher. Mit Grün oben.

Die Frauen guckten und schwiegen und zündeten sich erst einmal eine Zigarette an. Die Männer verzogen das Gesicht und wedelten demonstrativ mit ihren Kräutergebinden in der Luft herum, denn:

Im Übrigen ist man Nichtraucher heutzutage. Ist ja auch gesünder.

Mann möchte vital sein und gesund leben, fit sein. Leckeres Essen ist angesagt als Gegenwehr zu Fast-Food und Billigfraß oder Deutschlands größter Grill-Show. Die „Weiterentwicklung", um in der Pokémon-Sprache zu bleiben, des Metro-Mann. Gesundheits--Tracking ist auf dem Vormarsch, permanente Selbstvermessung, präventive Lebensführung. Es wird der Blutdruck gemessen, die Pulsfrequenz, der Herzschlag, der Körperfettanteil, der Schlaf, jeder Schritt und jedes Stresslevel. Der Hype um den Körper weitet sich aus, das Essverhalten unterliegt modischerweise einer permanenten Selbst-Optimierung; höher, schneller, weiter, noch mehr Sport, noch bewusster leben, noch besser und ausgewogener kochen und essen. Früher kochte der Mann auch, wenn die Zutaten nicht unbedingt frisch aus dem Gärtchen oder Fensterbänkchen daheim heranwuchsen, bemitleidenswerter Schlapp-Dill in Plastikfolie tat's auch, ebenso das Hühnchen fernab jeder Bodenhaltung.

Doch mittlerweile ist man sensibler und bewusster; eine Schande, wer ohne nachhaltige Lebensmittel dahinvegetiert, was prinzipiell begrüßenswert und überfällig ist, teilweise jedoch absurde Ausmaße annehmen kann. Wenn man sich sündhaft teure Online-Produkte bestellt, die quer durchs In-oder Ausland gesendet werden oder überhaupt das alles zu ernst nimmt, oder zu technisch. Denn Männer neigen dazu, beim Kochen eine extreme (und extrem gewollte) Raffinesse an den Tag zu legen, was einfach nervt. Diese extraordinären Zutaten, von exotisch-weit-her bis hyperregional à la „distance zéro"(neueste Herkunftsangabe in Frankreich, d.h. in Reichweite auf Fensterbank, in Schrittnähe auf Balkon, in Laufnähe im Garten), geben Zeugnis von Kennerschaft, Kreativität, Welterfahrenheit; stehen für

Wagnisse und Risiken, die im normalen Leben eher gescheut werden (der Turbodampfkocher ersetzt den Rennwagen!).

Der Work-Life-Balance wird alles unterworfen. Kochen als Stressausgleich (mit oder ohne Kinder). Der Burnout löst sich beim Dünsten, Garen und Rösten im wahrsten Sinne des Wortes in Rauch auf und der Mehrwert wird sogleich im gesundgekochten Körper eingefahren.

Schnell greift die Industrie: Beim Verkauf geht es immer um Zielgruppen, flugs reagiert man auf die neue Veränderung und ergänzt entweder Modell- oder Produktreihen mit „for women" und „for men", oder setzt gezielt auf Gender Marketing. Extrem weiblich empfundene Produkte werden maskulin angesext und umgekehrt: Superleichte Heckenschere für sie, und die ganz schwere Küchenausstattung für ihn, denn es hat sich mittlerweile rumgesprochen, dass immer mehr Männer so gerne kochen und dabei auch genauso gerne klotzen.

Männer haben ein Faible für technische Details und stehen tendenziell dabei auf Super-Leistung und Super-Funktionen, deshalb wurden rasch unzählige Küchenartikel speziell auf den Hobby-Koch, die „Weiterentwicklung" des Hobby-Handwerkers, zugeschnitten. Neue Maschinchen - diesmal verbrämt als Kochzubehör. Denn das ganze Equipment-Drumherum kommt dem natürlichen männlichen Spieltrieb entgegen, der mittels Anschaffung extravaganter Spielsachen befriedigt wird. Vom Werkzeugkasten zum Küchenzauberkasten. Ein Männertraum, das ganze Leben eine Spielkonsole! Plötzlich wird gehortet. Mann rüstet auf.

Für die einfachsten Handgriffe wird aufwendiges technisches Gerät angeschafft. Die volle Kampfausrüstung. So ersteht man allen Ernstes in der Küchenabteilung seines Vertrauens einen BUTTER-

KEKSBRÖSELAUTOMAT und schleppt selbigen nach Hause zum (einmaligen!) Erstellen eines Original-New York-Cheese-Cake … Frau hätte die Kekse für den Kuchenboden mit der Hand oder dem Nudelholz plattgemacht.

Oder man erwirbt so unentbehrliche Dinge wie hochwertige Marinierspritzen mit abnehmbarer Injektionsnadel, ein schlichter Schaschlikspieß tut's nicht mehr. Alles natürlich mit mehrteiligem Zubehör inklusive Reinigungsutensilien.

So läuft das Geschäft prima: Die Nachfrage nach ferngesteuerten, miteinander vernetzten, durchdesignten und obendrein korrekten umweltzertifizierten Kühlschränken, Herden, Backöfen, Waschmaschinen, Staubsauger, Bügeleisen (ja auch Bügeleisen!) kommt zunehmend von Männern, die das alles ganz furchtbar spannend finden und haben müssen.

Bevor die Hobbyköche also mal so richtig loslegen mit Kochen, scheuen sie keine Kosten und Mühen für das richtige Equipment. Für audio-digitale Präzisions-Steakthermometer etwa oder französische Edel-Bräter, für Geräte, die zum Kochen fast zu schade sind, wie wir meinen: elegant blitzende Ingwerreiben, Taster und Spätzlepressen, Designer-Objekte mit Olivenholzgriff, hübsche Schneidebretter aus Rotkernbuche, Hackblöcke aus recycelten Barriquefässern, teure Salzreiben aus Walnussholz für die Brocken aus dem Himalaya.

Das sind Trophäen! Da ist das veritable Beutestück, das später damit/darin verheizt wird, fast schon egal.

Mann goutiert und informiert sich über kochtechnische Neuheiten. Es werden für Frauen beängstigende Spezialgeräte inspiziert wie Bunsenbrenner (für die Spezialisten, die schon mal was von Molekularküche gehört haben), Carcassenpressen (zum KNOCHEN-

PRESSEN für Fonds) oder ohrenbetäubende Pacojets, die „Weiterentwicklung“ des Pürierstabs, mal grob gesagt.

Geräte, die wir nicht einer Küchenausstattung zuordnen würden, sondern eher Raumsonden oder Forschungsstationen oder der Gerichtsmedizin. (An dieser Stelle sei auf eine befreundete Dame verwiesen, die viele Monde lang unzählige Flaschen Weißwein mit einem eleganten Korkenzieher öffnete, bis sie vom Herrn des Hauses – er war gleichzeitig auch Herr über ein Heer zahlreicher, teils noch originalverpackter Küchenhelfer – darauf hingewiesen wurde, dass es sich hier um einen Butterroller handele. Ein „Butterroller“, von wegen „Buttermesser“!)

Bei privilegierten Single-Männern oder Spätberufenen (etwa nach einer Trennung oder mit neuer Freundin) ist das etwas anders, da geht es nicht primär um Spielzeug, sondern die Küchenartikel werden zu Statussymbolen. Mann hat ja schon alles: Die Eigentumswohnung, das Ferienhaus, den Sportwagen. Die Kaschmirpullover stehen ihm in allen Farben bis zum Kinn, die handgenähten Schuhe aus der St.James's Street glänzen in Reih und Glied, die Maßanzüge aus Mailand sehen alle vollkommen identisch aus und die Kinder sind groß oder leben bei der Ex.

Da kommt so ein neues Hobby gut. Kochen wird nun nicht mehr aus Selbsterhaltungstrieb gepflegt, denn Essen ist mehr als Sattwerden, Essen ist Lifestyle.

Mann beginnt zu stöbern nach Dry-Aging-Reifeschränken, Kombi-Dämpfern mit einer Million Funktionen oder ganzen fahrbaren Edelstahl-Küchenzeilen mit allerlei Schnickschnack, mit aufwendiger Technik sowie glänzendem Chrom.

Doch nicht nur Bling Bling braucht er, mit dem richtigen Werkzeug natürlich, damit fängt es an. Größe und kleine Entsteiner werden angeschafft, auch wenn kein Kirschgarten weit und breit in der Nähe ist. Oftmals Dinge, die eine Normal-Köchin noch nie gesehen oder benötigt hat. Und trotzdem Myriaden von Mägen sättigen konnte. Und sich nun beschämt fragen muss, wie sie das Kochen bis jetzt überhaupt hingekriegt hat …

Und ehrfurchtsvoll staunt. Doch genau dies ist der Sinn der Sache. Denn wer, wenn nicht ER, vermag all diese Raffinesse so dermaßen souverän zu bedienen? Diese neue Küchenmaschine mit 1000-seitiger Anleitung, wo man bis jetzt doch nur eine Ribbel brauchte, jahrelang, für Gurken oder Reibekuchen oder so!

So kann es kommen, dass nun auch ein Küchenmesser sexy wird und tatsächlich Gegenstand ernsthafter Diskussionen respektive Männergespräche werden kann. Schon lange geht es nicht mehr um die richtige Geldanlage oder Distinktion von Zigarren oder Wein – außer, wenn es um edelholzig-minzige Saucennoten geht. Wer hip sein will, stilvoll und lebenslustig, kennt sich aus bei Kochen&Co, bei gebratener Landhuhnbrust, gebratener Taubenbrust, hellbraun poelierter Wachtelbrust, der guten alten Entenbrust, glasierter Brust von der Bresse-Taube, Brust vom Perlhuhn, Fasanenbrüstchen … Brüste über Brüste.

Hat die normale Durchschnittsköchin so ein bis zwei Messer - also ein großes und ein kleines - für alles (außer natürlich die Großmutter-Generation alter Schule, die zwischen Fleisch- und Kartoffelmesser zu unterscheiden weiß), so besitzt der männliche Koch in der Regel ein ganzes Bataillon diverser funkelnder gut ausbalancierter

Brotsägen und Schneidemesser, handgeschmiedet oder aus gestanztem Stahl und mit Griffen aus afrikanischem Rosenholz oder Mooreiche oder Maserbirke, oft hyperteurer japanischer Provenienz, die natürlich mittels ausgefeilter Schleiftechnik regelmäßig in Schuss gehalten werden.

In unserem nicht kleinen Bekanntenkreis gibt er keine einzige Frau, die regelmäßig Messer schleift, geschweige denn, ein dazugehöriges Gerät besitzt.

Und dann das Fleisch-Getue: Von wegen, ganz normaler Rinderbraten vom Biometzger, da muss es schon Black Angus oder Simmertaler sein, oder australisches Wagyu, Hereford Prime oder Aqua Aged Beef.

„Da hat er mal was gelesen vom Neuen Mann und hat jetzt eine Wurst-App und bestellt Hot Dog Deluxe für 10 Euro das Stück – als ob's das wäre!" giftet eine Betroffene.

Tja, man lässt sich nicht lumpen, für diese Qualität, dieses fein marinierte Gourmetfleisch mit seiner besonderen Saftigkeit, so eine seltene Züchtung.

„Von unserer kleinen Farm ... kommt die kleine Daisy, der es supergut ging bisher auf unseren supergrünen Weiden, direkt auf Ihren Tisch ..." wirbt sinngemäß ein Online-Fleischanbieter für seine Spitzenprodukte. Männer finden das ganz toll, die Prärie direkt auf dem Teller.

Frauen eher nicht so.

Fazit: All das Getue um die Zutaten, die Arbeitsgeräte, die Sinnenfreude, die Haushaltsbeteiligung - es unterliegt letztlich einer Kosten-Nutzung-Rechnung oder diesem „Wie schlage ich der „Rushhour" ein Schnippchen und habe ganz viel „Quality Time" und beweise dabei auch noch, dass ich der Beste bin!" Das Kochen bei Männern als ursprünglich rein sinnlich gedachtes Gegenstück zum kalten Beruf wird letztlich auch einem knallharten Management unterworfen.

Denn Kochen hat bei Männern, also diesen Hardcore-Event-Köchen, oft einen Hauch von Rivalität. So wie man sich in der Business Class mit der Marke seines Bordcase oder Handys unterscheidet, so tut man es nun eben in der Wahl seiner Nahrungsmittel oder Küchenmaschinen: „Also wirklich, ohne den Thermo-Mischer XY könnte ich gar nicht mehr überleben, hast du den etwa noch nicht?" Frauen wettstreiten natürlich auch, aber eher so im Subtext, etwa in der Wahl des Kindergartens, Kinderarztes oder Friseurs.

Doch sich über Küchengeräte zu definieren, wäre ja irgendwie retro. Kochen zum Angeben? Mit soo tollen Zutaten, die man ewig suchen musste! Kommt bei Frauen eher selten vor, wenn man nicht gerade ein Martha-Stewart-Fan ist und beim Bridgewater-Apple-Pie-Contest unbedingt Minnie die Nachbarin schlagen will.

Bei den neuen Herdhelden wird Kochen latent zum Wettstreit, die Kochbrüder im Geiste werden in der Tat zu Konkurrenten, jeder will gewinnen, wenn es darum geht, wer die fluffigste Crème Brulée und das zarteste Lammfilet zubereiten kann – die „Weiterentwicklung" des grunzenden Neandertalers! Wenn der damals an der Feuerstelle seinen maulenden Konkurrenten mit einem Faustschlag wenig elegant erledigte, wird das heutzutage in subtileren Ritualen konsequent weitergeführt: „Was?! – Du trocknest die Mango vorher nicht an und frierst direkt ein?!"

Dieses ganze Beutezug-Schema kann durchaus auch auf das Leben jenseits der Küche übertragen werden. Da wird pragmatisiert, ökonomisiert, optimiert und gewetteifert.

So wie das Kochen als Essenszubereitung nichts „Normales" mehr ist, ist Familie, ist Nachwuchs nichts Normales mehr, fast Trophäen, alles wird zum Event, mindestens.

Dabei soll aber alles super-spitzenmäßig-entspannt sein in diesem permanenten Optimierungs-Modus, in dem die Standards immer höher angesetzt werden.

So wird nicht nur der neue Herd, nein, auch die Kinderlein werden zum Triumph, zum Siegespreis, die der neue Mann auf seinem modernen Kreuzritterzug – morgens rasch vor der Arbeit in die Kita und abends dann nach der Arbeit in die Küche zum Entspannungskochen - wie ein goldenes Templer-Schwert vor sich herträgt.

Seht her, wie toll ich bin, wie flexibel und belastbar! Und wie ich mich einbringe in den Haushalt! Denn bei mir ist Kochen nicht einfach kochen, sondern Auszeit. Ganz bewusst. Von wegen, mal so nebenbei, pfui!

Welch ein Luxus! Kennt irgendjemand irgendwelche Alleinerziehende, die zur ENTSPANNUNG kochen? Oder eine Teilzeitarbeits-Mutter mit drei Kindern, die sich beim Kochen eine AUSZEIT nimmt?

Die Reviere werden neu markiert, Ziele werden gesetzt, alles mit den besten Absichten: Obwohl wir eine Putzfrau haben, beteilige ich mich an der Hausarbeit, sieh nur, was ich dir heute Schönes koche!

Sicher. Heute.

Mal.

Und morgen, übermorgen? Die nächsten Jahre? Und wenn die Kinder da sind? Und wenn ich krank bin?

Es werden Listen gemacht, es wird verglichen, durchexerziert und aufgerechnet, wir heizen ein. Egal ob in einer festen oder offenen Beziehung, verheiratet mit oder ohne Kinder: Gerade am Anfang will man Beruf und Haushalt und Familie möglichst ganz gerecht aufteilen, möchte alles besonders gut machen, besser, am besten. Um bloß keine Abstriche zu machen, sollen optimale Voraussetzungen geschaffen werden, persönliche wie materielle.

Da wird konzipiert: Nicht nur die alltäglichen Einkäufe oder künftige Wohnungsrenovierung, die ganze Biographie wird durchgestylt. Bis zur Familienplanung mit den noch ungeborenen Kindern: Gleich Social Freezing oder kann man sie doch ins Arbeitsleben integrieren, mittels Home Office oder Kita oder Betriebskindergarten? (Später wird dann deren ganzes kleines Leben mit Kinder-Yoga, Reit- und Klavierstunden sowie Nordkoreanisch für Anfänger verplant werden.)

Man will es ja ganz anders machen als die anderen, tut und macht und reibt sich auf und unterliegt dem Irrglauben, eine individuelle Entscheidung getroffen zu haben bei der Festlegung, wer wie viel wo wann wie lange macht. Dabei unterliegt man schlichtweg gesellschaftlichen Zwängen und nicht zuletzt auch staatlichen, denn die deutsche Familienpolitik ist ein Desaster.

Doch wagt man es dann, lässt sich ein auf das Experiment Familie oder Zusammenleben, wird zuletzt selbst die Beziehung zum Deal, wo es doch um Gefühle gehen sollte. Denn die alten Rollenmuster wollen zu Recht nicht mehr gelebt werden, und die neuen sind nicht so klar. Oder vielleicht einfach zu ambitioniert.

So stecken wir in der Bredouille. Bei dem ganzen Sammeln –Lebensqualität plus Karriere plus unkonventionelles doch erfolgszwangsverdammtes Familienleben – haben alle gehörig postmodernen Stress.

Denn die vermeintliche Entlastung verdreht sich paradoxerweise ins Gegenteil, es wird anstrengender, wenn die Mythen vom aushäusig konditionierten Jäger und der Hüterin des Feuers und Wächterin der Kinder zerschlagen werden. Wenn die Rollenbildchen um- oder überklebt werden, wenn Mami noch öfter und länger raus darf in die Wildnis um CEOs in Meetings und Präsentationen abzuschießen, und Papi sein Glück findet an duftenden Gewürzständen auf zugigen Wochenmärkten.

Zur Perfektionierung dieser Idylle wird organisiert und gemanagt wie in der Logistikbranche, muss einfach. Manchmal werden Lebenspläne entworfen, die absurde Ausmaße annehmen: Also dieses Jahr noch das Dachgeschoß ausbauen, dann im Frühling das mit den Autos klären wegen geplantem Nachwuchs, Versicherungen ändern, davor noch die XY- Prämie mitnehmen, und dann der letzte gemeinsame Urlaub zu zweit, der selbstverständlich ein epochaler Traum werden muss, weil sie dann im Herbst schwanger werden möchte, weil Geburtstermin dann besser, so im Sommer, mit Kaiserschnitt auf den Tag geplant, das künftige Horoskop des Ungeborenen gilt es zu berücksichtigen, August wäre doch ganz schön, da kann man die Kindergeburtstage dann auch immer draußen feiern, macht nichts, wenn die Limo umfällt und der Schokokuchen verschmiert wird und auch insofern ganz praktisch, weil er dann Urlaub hat und vorher sein Projekt und die Fusion noch durchziehen kann … usw.

Das Leben, das sich erfahrungsgemäß nicht immer planen lässt, wird einem Vertragsdenken unterworfen, mit strikten Stundenplänen und Reglementierungen. Es gibt zwar Jobs, bei denen das funktioniert, ohne schlechtes Gewissen, aber mal ehrlich: Pläne neigen dazu, letztlich nicht eingehalten zu werden.

Prinzipiell ist gegen konsequente Zeitplanung oder Selbstmanagement nichts zu sagen – Arbeits- und Präsenzstrukturen haben zweifellos eine gewisse Daseinsberechtigung –, aber allzu rigide und perfektionistisch befolgt führt sie zu allzu angestrengter Entspanntheit respektive Verspannung.

Im „Leben" und beim Kochen. So endet das ursprünglich als lustvoll-heiter geplante MännerKochen, die „Weiterentwicklung" des gemeinen Gelegenheitskochens und der Gegenangriff auf das oft gestresste weibliche Versorgungskochen, nicht selten im nervigen Hochleistungskochen.

Sinn und Sinnlichkeit schwinden dahin beim minutiösen Prüfen, Vergleichen, Verbessern auf Biegen und Brechen.

Super-Mann hat sich soviel vorgenommen, sich übernommen. Wenn er dann noch als ultimative Steigerung der Selbstoptimierung die Beeren sammeln und die vollen Körbchen heimtragen will, wo ihn aus verschiedensten Gründen nur Undank und Hohn erwarten – unter Umständen, weil Super-Frau diese Bemühungen nur als zusätzlichen Ballast empfindet –, kann es bei all dem Rennen und Machen leicht zum Knall kommen. All die hohen Erwartungen, der ganze fürsorgliche Aktionismus auf beiden Seiten, fallen zusammen wie ein zu rasch abgekühltes Soufflé und führen direkt zum nächsten Akt.

Dritter Akt

Gas geben! - Wir schmoren durch

Jetzt können wir uns alle scheinbar entspannt zurücklehnen, das Zeitalter des Haushalts 2.0 steht vor der Tür. Große namhafte Haushaltsgerätehersteller und Haushaltsgeräteverkaufsmärkte beglückwünschen sich und uns zu der endgültigen Befreiung ihres Sortiments vom biederen Hausfrauenimage. Alles, was wir aus dem Segment Küchenmöbel, Hausrat und Zubehör kennen, bekommt heute den Mehrwert von Lifestyle und Genuss verpasst.

Da ist zunächst natürlich die technische Perfektion und Raffinesse, die immer fasziniert – egal ob mobiles Kleinstgerät oder in Rohbeton gegossene 8-Kubikliter-Kühlkombi. Dann kommt das Aussehen: richtig super, durchgestylt vom Feinsten, ein ästhetischer Genuss! Und schließlich der Status: Mann, ist das teuer. Das leisten wir uns!

Und siehe da: Der eigentliche Haushalt, also das, was Arbeit macht, wird zum Schauplatz von Lifestyle. Wir schlagen vor, auf all diese Geräte für eher ungeliebte Arbeiten neben die notorischen Klebebilder zum Guten Gewissen wegen irgendwas mit Stromverbrauch und Lärm und Staub noch so ein Gute Laune-Siegel aus dem Reich der zertifizierten Hedo-Technologie zu kleben: Macht Spaß, sieht gut aus und kostet viel! Dann greift auch der noch eingefleischte männliche Haushaltsmuffel zu und nimmt uns alles aus der Hand, was wir als tägliche Plackerei empfinden und vielleicht lustlos aber in der Regel klaglos irgendwie gebacken kriegen.

Alles kann man programmieren, alles läuft von selbst. Schluss mit der täglichen Plackerei im Haus, Schluss mit dem Gequengel von Frauen, die dieses vielzitierte, inzwischen 37 Jahre alte Klagelied von dem „bisschen Haushalt" auch heute noch auf den Lippen haben – und immer noch ihren „sagt-mein-Mann" dazu bewegen wollen, sich vermehrt und am liebsten paritätisch an dem anfallenden Kram zu beteiligen.

Es könnte alles so schön sein.

Warum ist es dann oft so:

Sie kommt abends nach Hause, nach einem anstrengenden Arbeitstag, er ist schon da mit den Kindern und hat „sich eingebracht". Auf dem Tisch steht noch leicht angeranzt das Abendessen, die Teller angepappt und krustig, dazwischen Übungsblätter Heimatsachkunde, ebenfalls angepappt und krustig. Auf dem Sofa lümmelt sich vergnügt zwischen umgekippten Saftgläsern, aufgeweichten Schokokeksen, diversen Socken und zerknautschter Tagespost die Restfamilie mit Haustier. Der Fernseher läuft und alle sind nicht ansprechbar.

Die Kinderzimmer sind wegen kniehoch schwappender Bekleidungs-, Spiel- und Lesematerialien nicht begehbar und die Sachen für den morgigen Schulausflug/die Büchernacht/den Fototermin befinden sich nicht wie mehrfach erbeten/befohlen in der Waschmaschine/im Trockner/im Rucksack und außerdem sind auch die Hausaufgaben erst halb erledigt.

Sie flippt kurz aus, „Mensch, muss ich denn alles selber machen", er versteht überhaupt nichts:

Was ist? Er hat doch alles getan, ist früher los, hat den Kleinen abgeholt, Arbeitsblätter immerhin mal angeschaut, gekocht, die Kinder mit Eis vollgestopft, jetzt bisschen Film gucken, alles super, alle lachen. Was hat sie denn? Die böse Mutti!

Dieses Spiel geht auch ohne Kinder: Sie kommt abends entnervt nach Hause, wo er ihr geflämmte Jakobsmuschel mit Passionsfrucht-Gazpacho und Auberginen Ravioli kocht und strahlt, den ersten Prosecco reicht und den Wein schon gelüftet hat.

Doch sie sieht weder das funkelnde Glas noch die gegrillten Feigen für's Dessert, sondern: Unzählige schmutzige Schüsselchen und Töpfe und Kochbestecke, bemehlte und dotterverklebte Arbeitsflächen, kleine Soßen-Rinnsale, die lyrisch die Edelstahlfront der Spülmaschine hinuntermäandern, und die 30-Grad-Feinwäsche-Trommel ist auch nicht angeworfen, geschweige denn gebügelt für morgen, wo sie unbedingt die Bluse …

Sie flippt auch kurz aus: "Ja toll, aber wer macht das nachher wieder sauber?" - Er versteht überhaupt nicht:

a) „Wieso, ich natürlich!"(kann stimmen, kann aber auch nicht)

b) „Ach, sind doch nur Kollateralschäden, wieso kannst du nicht einfach mal genießen, musst du immer meckern?

c) „Hat doch Zeit bis morgen. Wozu haben wir eine Putzfrau?"

Theoretisch dürfte das „bisschen Haushalt" also heute für Männer, aber auch für Frauen, die sich auf der Höhe der Zeit bewegen, eigentlich kein Thema mehr sein. Wer ein Smartphone besitzt und es mit Apps füttern kann (tut das etwa jemand noch nicht?), für den ist das von der Industrie ausgerufene „Smart Home" nur einen „Tipp und Wisch" entfernt. Und im Orkus verschwindet das einstige Hausfrauenmantra „Wisch und Weg".

Tatsächlich!? Wir ziehen die Füße aufs Sofa und träumen, stellen uns den Staubsaugerroboter vor, der seine sacht surrenden sinnfreien Endlosschleifen dreht, und vertiefen uns in neueste Werbepublikationen. Aha, das Smart Home. Das soll es bei Bill Gates und Co. schon längst geben. Da öffnen und schließen sich die Fenster je nach Sonnenstand und Raumfeuchtigkeit, und die Gardinen, Vorhänge und Markisen rollen im Hin und Her der Wolken auf und zu und rauf und runter. Das Waschmaschinensystem hat sich über ein farb- und fasersensitives vielverzweigtes Tunnelsystem die vom Schlaftrakt aus antrudelnden Wäschestücke in die Trommel sortiert, dosiert die entsprechenden Waschmittel selbst und schaltet sich nach Bedarf ein und aus und wechselt in den Trocknermodus.

Im Kühlschrank geben Gemüsefach und Stellflächen für Milch und Co. Signale in das Netz: letzte Tomate weggegessen, linksgedrehter Joghurt fast alle! Im Bad hat sich der selbstreinigende Schaum verteilt: gespendet aus unzähligen in Chrom, Keramik und Glas versenkten Feindüsen, ruht er nun in einer feinen duftenden Schicht auf allen Ober-, Seiten- und Unterflächen, umspinnt wie ein Kokon das leider auch benutzte Klo – *wie altmodisch und irgendwie unpassend* - und wird sich bald in Glanz und frische Luft aufgelöst haben.

Und der Herd macht sich schon mal bakterienfrei, bevor aus der in den Backraum integrierten Oberlade das Sous-vide zu garende Kochgut auf das mit Nanosilber beschichtete Gitter gleitet und das programmierte Hightech-Wunder seine geräusch- und geruchslose Arbeit verrichtet - auf dass jemand nach Hause komme, sich über alles freue und Hunger habe!

Denn noch ist weit und breit niemand da. Alles ist nur mit der Steuerzentrale vernetzt, was einfach ein kleines Smartphone sein kann oder gerne auch ein etwas größeres Tablet ist, das jetzt in den Dienst der Hausarbeit gestellt wird: kein Rumpeln, kein Lärm, kein

Gezeter mehr beim Heimkommen über anstehende Aufräum-, Putz- oder Kochaktionen, alles schon erledigt!

Wer aber hat diese Steuerzentrale in der Hand und befindet sich auf Augenhöhe mit seinem klugen kommunizierenden Kühlschrank? Ist das wirklich der Hausherr höchstpersönlich, der Signale wie „Wäsche jetzt endlich mal aufhängen", „kein Saft mehr, ergo Orangen frisch pressen" und „Tisch decken, weil Essen gleich fertig" in Empfang nimmt?

Wir träumen immer noch und wetten: In den real existierenden 2.0 Haushalten von den sehr Verrückten und sehr Vermögenden dieser Welt gehen die Signale direkt ins Darknet, dorthin, wo illegale social web-affine Hausangestellte auf Sendung sind und ferngesteuert zum Sprung ansetzen: Milch besorgen, Obstschalen bestücken, Wäsche aufhängen, Dreck wegmachen und Müll rausbringen. Und schnell wieder verschwinden nach getaner Arbeit, ohne Spuren von menschlicher Fremdanwesenheit zu hinterlassen. Alles blinkt und blitzt, während die Steuerzentrale in den Ruhemodus geschaltet hat, bis der Hausherr kommt. Perfekte Technik, perfektes Timing.

Der Hausherr kommt aber - wenn überhaupt - irgendwann. Wurde aufgehalten oder so, dringende Geschäfte, hat unterwegs gegessen, schlurft jetzt von der Garage direkt ins Bett und fällt in seinen Klamotten, die auch für den morgigen Tag noch prima taugen, in den Schlaf der Erschöpften. Die ganze schöne Hausarbeit wird nicht gewürdigt (davon können Millionen Hausfrauen weltweit ein Lied singen).

Und leider auch nicht gewürdigt wird die Zähneputz-App, die durch Lichtschranke zwischen Kopf- und Fußteil des Bettes kombiniert mit irgendwas Intelligentem im Zahnpastaspender zum „Get up and brush"-Summen ansetzt. Das wird sie auch morgen wieder tun. Und übermorgen. Ob der Typ nun die Zähne putzt oder nicht. Smart sweet home.

Das also wollen uns die Ausrufer des Haushalts 2.0 als Zukunft verkaufen? Als erfahrene Uralthausfrauen haben wir ausgeträumt, erheben uns vom Sofa und sind erst mal skeptisch: Bevor wir größere Anschaffungen machen, zögern wir, wägen ab mit Vernunft und Verstand, vergleichen – wollen lieber auf Nummer Sicher gehen und fragen einfach mal den Verkäufer:

Sind denn im Lieferumfang auch Männer enthalten, die in ihren schicken vernetzten Haushalten plötzlich intelligent agieren können? Soll heißen: Die, wenn Milch fehlt, Milch kaufen gehen, weil der Kühlschrank das als SMS aufs Handy schickt? (Wie war das denn früher, wenn wir morgens sagten, dass Milch gebraucht wird, und er erklärte: „Klar, bring ich mit heute Abend mit." Und dann prompt vergaß.)

Also Männer, die den ferngesteuerten Staubsauger programmieren, weil ihnen auffällt oder die entsprechende App sie instruiert, dass mal wieder gestaubsaugt gehört? (Damals, in analogen Zeiten mit einem Nahbedienungs-Gerät haben sie das nie bemerkt, da konnten sie sogar total vergessen, wo sich das blöde Ding nochmal befindet!)

Oder auch Männer, die sich plötzlich rechtzeitig ans Gemüseschnippeln machen und das Ergebnis um eine frisch vom Markt erstandene Renke schichten, weil der neue Backofen so eine schicke Displaybedienung wie das Smartphone hat? Denn auf der kann man aus der Hüfte heraus so cool herumtippen und wischen und damit die hinter Glas und Chrom und Granit und Echtbeton verborgene Elektronik auf Trab bringen: Hier jetzt mal schonend Gemüse an Fischfilet garen!

Doch die wichtigste Botschaft zum Haushalt 2.0 überhaupt, die entnehmen wir einem konventionell auf viele Zeitungspapierseiten gedruckten Werbemagazin eines deutschen Elektromarkt-Giganten. Hier darf der Geschäftsführer in seiner Ansprache an die „liebe Leserin" und den „lieben Leser" dann mal „der Industrie ein ganz großes Kompliment machen". Und er verkündet allen Ernstes: Die neuen Hightechwunder wie ferngesteuerte Staubsaugerroboter, selbstdosierende Waschmaschinen und innovative Bügelsysteme bis zu anderen, die das „bisschen Haushalt" jetzt problemlos erledigen - diese ganzen Geräte also „wirken geradezu partnerschaftsfördernd". Zitat!

Partnerschaftsfördernd?

Wie so oft bei dieser Lektüre, wo von XYZ-Maxi-Sens-Flexi-Bridge die Rede ist und wir nur anhand der Fotostrecke auf die Spur gebracht werden – „Aha, das ist ein Herd!" -. verstehen wir wieder erst mal gar nicht, aber lesen weiter. „Ja", sagt er, weil diese Geräte „auch Männer faszinieren". Und das könne man beim nächsten Besuch „live erleben: Herzlich willkommen!" Und: „Servus"!

Ach Servus, lieber Geschäftsführer, das erleben Frauen doch längst schon täglich live: das Faszinosum der Männer bei der partnerschaftsfördernden Beteiligung an der Hausarbeit!

Die folgende Geschichte zum Beispiel ist mindestens 15 Jahre alt, als im Singlehaushalt eines kochbegeisterten Yuppies ein Backofen Einzug hielt, der zu seiner Zeit als der letzte Schrei gelten durfte: Ein dunkel verspiegeltes blitzendes Gerät, das sozusagen monothematisch unter eine Granitplatte gebaut war, losgelöst vom im

Raum freischwebenden Kochfeld, das damals schon so aussah wie heute unsere Breitwandflachbildschirme – auf beiden kochen wir übrigens immer noch ungern.

Also, dieser neue Wunderofen hatte keine Temperaturregler mehr, sondern Tippfelder an der Front mit wahlweise Echtschrift und kleinen Bildern: Lamm, Wildgeflügel, gemeines Huhn, Rind, Fisch, dazu einen versenkbaren stufenlosen Drehregler mit Gewichtsangaben. Und wer schlau kombinierte, konnte nichts mehr falsch machen.

Denkste! In der Küche können Frauen nämlich so ziemlich alles falsch machen, wenn es um die Küche eines Mannes geht. Wir brachten unseren stolzen Hobbykoch aus der Fassung mit der launigen Anregung, ein Huhn reinzutun und einfach mal auf Lamm zu stellen: „ Komm mach doch, mal gucken, was passiert, das ist doch lustig!“

Fand er überhaupt nicht, denn beim Kochen hört der Spaß auf: „Ogottogott, wie ALBERN!“ Und wie gemein! Typisch Frau, Spaßbremse qua Geschlecht, und mir beim Kochen zugucken mag sie auch nicht.

Da hatten wir also wieder den weinenden Koch, der sich und sein neues Spielzeug auf den Arm genommen fühlte. Und zwar gründlich, aber keinesfalls „partnerschaftsfördernd“. Statt Bewunderung, Anerkennung und Lust und Liebe erntete der arme Mann, der sich erstens nützlich machen („die Frau hat bestimmt Hunger“) und zweitens Spaß haben wollte („Kochen ist so profi!“), nur Undank.

Wie neulich, als er uns zu unserer Entgeisterung fünfgängig bekochen wollte - Geburtstagsüberraschung - und wir gar keinen Hunger auf so ein großes Geschenk hatten, sondern - ja, wir geben es zu - eher auf ein klitzekleines, das aus seiner Hosentasche befördert und im Kerzenschimmer eines schicken Restaurants sacht über einen nicht selbstgedeckten Zweiertisch gereicht würde: Hier, für dich …

Aber lassen wir diese bösen Klischees von Diamonds and Girls beiseite. Solche Frauen gibt es heute gar nicht mehr, nur noch im Kino. Da wo man auch Tränen der Rührung und Sehnsucht vergießt angesichts eines Filmkochs: Ein schmelzend schöner und begabter aber bettelarmer Junge mit Migrantenhintergrund, der sich in der harten Gastro-Szene voller Jung-Köche mit Immatrikulationshintergrund von ganz unten nach ganz oben kocht und dabei die indisch-französische Fusionsküche erfindet (deren größter und teuerster Tempel sich übrigens in Kopenhagen befinden soll: ein absoluter Geheimtipp und seit Filmstart innerhalb weniger Tage auf 25 Jahre hin ausgebucht, so dass Reservierung und leider auch nur Besichtigung nicht mehr möglich ist). Ab etwa der Hälfte der Strecke zum dritten Stern weiß er sich von der aufopferungswilligen Liebe des sehr armen Küchenmädchens begleitet, das in Wirklichkeit die sehr reiche Restaurantbesitzertochter ist und so weiter. - Was für ein göttlicher Film: Die ganze Zeit über wurde gekocht und gebraten und geschmeckt und probiert und geschnippelt und gewürzt und kreiert und mit Lieblingszutaten gespielt, es wurde räsonniert und gestritten und geküsst und alle Sterne vom Kochhimmel geholt und und und …

Am Ende hatten wir genug: Es reicht, ja, du bist der Größte, nein, wir wollen keinen Koch als Mann!

Die neue Zielgruppe Hausmann 2.0 jedoch will Koch sein. Sie folgt also dem Ruf der faszinierenden Geräte, die sich aus gutem Grund auf die Ausstattung eines einzigen Raum konzentrieren, auf das Herzstück des Haushalts: die Küche (was die Arbeiten im Rest der bewohnten Wohnung betrifft, darauf kommen wir noch). Hier befindet sich der potentielle Gerätepark von nicht als solcher erkennbarer Kühlkombi über versenkbarer Hightech-Kochinsel im Stehpultdesign mit Ablage für Literatur zu ergodynamischen Spezialschneide- und Hobelmaschinchen für historische Gemüsesorten, die wir nur aus Gemäldegalerien Abteilung „Stillleben" kennen. Hier finden wir das Gros der Männer, die sich „partnerschaftsfördernd" betätigen möchten, indem sie „das Kochen" übernehmen. Das Kochen und das ganze Drumherum.

Idealerweise fängt es beim Hausbau mit der Küchenplanung an, da werden dann schon mal im Extremfall Einzelberatungsstunden bei angesagten Designern gebucht, seltene Materialien vorbestellt und Lieferzeiten in Kauf genommen, in denen der Nachwuchs die Grundschule durchläuft. Es geht natürlich auch bescheidener, normaler, in der Standardküche. Spätestens dann, wenn ER das erste Mal groß kocht und feststellt, dass nur drei Schienen in den Ofen passen, er aber vier braucht. Oder: Der Herd hat nur fünf Feuerstellen, er aber muss doch sechs Töpfe …, vielleicht Gas oder heißer Stein, wäre doch irgendwie besser, und überhaupt – alles zu eng.

Er beschließt also den Anbau der Küche um mindestens 100qm. Oder vielleicht die Einrichtung einer Back-up- oder Outdoor-Küche, soll ja jetzt voll im Trend liegen, die Drittküche, das hat er gelesen in seinem Fachjournal. Man müsste nur die Wand zur Kammer einreißen und …

In jedem Fall übernimmt der Mann die Küchenherrschaft, er okkupiert die Küche: „So, jetzt wird hier mal richtig gekocht!"

Soll heißen (oder impliziert zumindest):"Das, was du da machst, ist ja wohl nix!" Jedenfalls nix Richtiges.

Denn jetzt führt er das Kommando, er ist hier der Chef, er ist der Alleinherrscher. Entsprechend der Ton: „Hier ist ja nichts da!“ oder „Was ist denn das für eine Pfanne!“ sind Aussprüche, die für große Ratlosigkeit bei der seit Jahren zur allgemeinen Zufriedenheit kochenden Partnerin sorgen.

„Höchste Zeit, dass ich gekommen bin, jetzt wird auch mal HINTER dem Herd saubergemacht! Der Kühlschrank ist ja wohl seit Jahren nicht mehr gereinigt worden. Kinder, ich rette euch vor dem sicheren Bakterientod, die Mutti sollten wir mal auf die Hauswirtschaftsschule schicken!“

Endlich bringt er mal System rein in diesen Saftladen, von unten nach oben wird umgeschichtet, nach Kochlehrbuch und Physik: Ins tiefe Fach kalt und ins hohe warm, in die Gemüseschublade gehört Gemüse und auf keinen Fall die Butter. Er doziert über Thermik, ein fieser besserwisserischer Küchen-Inspektor, der gar nicht merkt, wie er seine Ehe in Gefahr bringt (Frischverliebte geben nach. Noch).

Er ist im Küchenrausch, vom Hobbykoch zum Geek mutiert und allzu beschäftigt mit sich und seiner Heldentat. Der Ritter der Tafelrunde schwadroniert selbstverliebt über sein Duett von zweierlei Wachteleiern, dem Forellenfiletröllchen/Seeteufel/Steinbutt auf Muskatblütenschaum/Vanille-Most-Sabayon/Fenchelholz oder lobpreist dieses unglaublich cholesterinarme magere Exotenfleisch von Strauß oder Antilope oder Mufflon. Der Gastgeberkönig, vom Horst zum Host! Er prahlt mit seinem „temperamentvollen“ Rotwein oder dem Preis des Château Mouton, und die Oliven von den Biobauern, die hat er mindestens selbst gepflückt und entkernt, zumindest höchstselbst zur Ölmühle gefahren, damals in den Marken. Diese Trübung, diese besondere erste Abfüllung schlägt sich noch am Flaschenrand nieder

… und die Traube für den Wein, die hat er persönlich getreten und gestampft im Weinfass in der Drome …

Er ist weitgehend resistent gegen gute, weil lebenslang erprobt-bewährte Ratschläge. Etwa, wenn man ihn vorsichtig auf eventuelle unterschiedliche Garzeiten des gleichzeitig in den Herd geschobenen Backguts hinweist, tönt er: „Mein Herd kann das!“

Kann er nicht. Natürlich nicht. Blood Sweat and Tears.

Hilfe wird dann entweder zähneknirschend angenommen oder barsch zurückgewiesen: „Also wenn ich schon koche, dann lass mich das auf meine Art machen, ich hab das alles im Griff.“ ….

Es gilt die Regel wie auf dem Boot: Es kann nur einen geben!

Warum so herrisch, Mann? Warum neigst du dazu, dich selbst allzu wichtig zu nehmen, so unersetzlich. Warum kannst du oder willst du nicht delegieren? Warum musst du immer gleich zum GOD-FATHER werden, in diesem Fall zum Godfather of the Kitchen?

Statt erträumter Gemeinsamkeit müssen viele Frauen erleben, dass sie vom Platz geschickt werden, sobald der Hobbykoch ans Werk geht. Seine Ankündigung „Ich koch uns heute was Schönes“ läutet kein gemeinsam verbrachtes Wochenende ein, sondern beschert im Gegenteil lange einsame Stunden. Der Koch ist erst ewig nicht zu sehen, weil abwesend (Einkäufe), und schließlich weder zu hören noch zu sprechen, weil hinter verschlossener Tür in der Küche, "das kann ich am besten alleine“, siehe oben. Aber wir sollten uns in Rufweite befinden, falls Ansagen gemacht werden.

Und die kommen, früher oder später.

Denn es gibt zwei Möglichkeiten:

Alles klappt und der Koch strahlt, und man muss halt später nur ein bisschen aufräumen, denn Einkaufen und die ganzen Vorbereitungen, bis er das mal so in Ordnung hatte, dass er überhaupt anfangen konnte, das war ja schon „Arbeit genug“. Frei nach dem Motto: „Das Schöne am Kochen ist ja, dass ich da nicht aufräumen muss.“

Oder es passieren kleine Katastrophen, die fast zum Desaster führen. Befindet sich der Hobbyexperte noch auf Level Eins des Profiniveaus mag es vorkommen, dass er falsch kalkuliert, das Timing nicht bedacht hat oder die Gäste stehen zu früh vor der Tür und der Tisch ist noch ungedeckt – dann darf zugearbeitet werden.

Gerne werden auch niedere Küchendienste abgegeben, mit knappen Kommandos: „Nur schälen, bitte!“ – „Dünn!“

Oder: „Salz! – Wo bleibt das Salz …?“

Du lieber Himmel, wer stellt sich denn beim Kochen das Salz nicht in Reichweite? Operiert er etwa am offenen Herzen oder was erfordert da so allerhöchste Konzentration, dass man nicht mal eine Millisekunde den Blick vom Topf wenden darf??

An dieser Stelle möchten wir doch ein bisschen Gerechtigkeit walten lassen und den echten Hobbykoch in Schutz nehmen. Denn als echter Hobbykoch gehört er zur Unterspezies liebenswerter Gelegenheitskoch, der aus schierer Freude kocht (nach Lust und Laune), und lieber einen gemeinsamen Kochkurs macht als einen Tanzkurs („das kleinere Übel“).

Dann gibt es allerdings auch den Performance-Koch, der hoffentlich eine Übergangserscheinung ist und wie der Metromann nur einige Jahre durchhält. Er ist auf jeden Fall Single, mit kurzen Unterbrechungen von versuchsweiser Paarbildung, ihm geht es um

Prestige, Lifestyle unter Männern, Frauen verführen. Sein Portfolio enthält unter anderem: Küche geräuschlos versenkbar, Fisch geruchslos gegart, Frau darf zugucken und bewundern, Frau soll verführt werden und wird auch verführt.

Der ist nicht alltagstauglich, der kocht nur, wenn ER will, ist als Typ phasenweise ganz amüsant, geht auch als Testesser undercover in Luxusrestaurants, fotographiert alles vom Teller ab, hält beim Auszug ein Schwätzchen erst mit dem Sommelier und dann darf er zum Chefkoch - und hat zum nächsten Rendezvous, bei dem er in seine Privaträume lädt, ALLES genauso nachgekocht. Und hat noch ein bisschen improvisiert mit einem kleinen Irgendwas als Zwischengang und einem Überraschungscoup als Dessert: Selbstensteinte filetierte Pflaumen in Karamelmantel.

IST DAS SÜSS! Diese ganze Arbeit und Mühe, nur um seine Freundin zu bekochen!, könnte man begeistert meinen, aber das ist leider ein Irrtum. Auch die Freundin hat es inzwischen bemerkt: alles nur Event Happening bis Realsatire, nicht einfach ein schönes Dinner, sondern ein Riesenzirkus. Und zirkusreif sind auch seine Darbietungen … Bezeichnenderweise fing das ganze Showkochen doch an mit diesen Nummern „im Zelt", diesen lukrativen Veranstaltungen renommierter Köche, die als Kellner verkleidete Künstler und Artisten engagierten, deren Puder einem dann in die Suppe staubte. Keine Sekunde Ruhe hatte man während des Essens, das einem quer hinunterging, weil man einem lärmigen Permanent-Event ausgesetzt war.

Nur schwer zu verdauen ist auch der herdberufene Hobby-Magier, aber man kann ihm aus dem Weg gehen, denn geheiratet wird der nicht! Und wenn, dann verdient er so viel Kohle und ist so oft unterwegs, dass wir uns einen Koch leisten: Der kommt und geht und wohnt nicht bei uns.

Wir zielen im Folgenden auf den Überzeugungskoch, können aber trotzdem nicht vermeiden, dass die beiden obengenannten hier und da einen Streifschuss abbekommen. Aber das vertragen die, die kochen können und es einfach tun. Es dann aber auch lassen können, ohne in eine Sinnkrise zu stürzen.

Also der Überzeugungskoch. Bei ihm heißt es: Kochen ist Männersache, kann ich besser, kann ich sogar besser als die Profis / als im Restaurant / als Mutti, und endlich mal mit fett Sahne und Butter bei die Fische. Der ist auch schon mal aus Notwehr zu seinem neuen Hobby gekommen („Frauen können grundsätzlich nicht kochen" oder „seitdem meine Frau soviel arbeitet, läuft in der Küche gar nichts mehr, die ist praktisch außer Funktion"), der macht sich schlau mittels aller Medien und fühlt sich berufen zu Höherem. Ein Platzhirsch draußen wie drinnen, der sich vom Profikoch nicht mehr wirklich unterscheiden will, vom gemeinen Hobbykoch aber umso schärfer. Nicht vergessen: Er ist eigentlich immer im Grunde ein Drei-Sterne-Künstler!

Der Gastro-Profi Jürgen Dollamse *(Kolumne „Esspapier" in der FAZ online)* hat den Hobbykoch „Privatkoch" getauft, und wir sind nach eingehender Textanalyse zu dem Ergebnis gekommen, dass dies nicht in ironischer Absicht geschah. Ob das aber unseren Küchenhelden gefällt? Privatkoch?? Klingt doch sehr nach Domestiken und Dienstbotentrakt: Privatsekretär, Privatchauffeur, Privatgärtner – alle ihren Herrchen zugeordnet, die das Sagen haben. Der Privatkoch hingegen ist doch kein Lakai, sondern Master of the Universe.

Diesen Typ können wir am allerwenigsten leiden, auch wenn er wirklich richtig gut kochen kann.

Der zum Beispiel beschließt: So, ich koche und du hast dich gefälligst bitteschön auf meine Kochorgie zu freuen.

Sie aber freut sich nicht.

Weil sie dann am Abend beim opulenten Menu von Gang zu Gang beobachtet, wie ihr Mann satter und matter und zufriedener wird, und sie wie ein Komparse vor ihrem x-ten Teller sitzt und darauf wartet, dass das Ereignis ein Ende nähme. Während er ein letztes Mal vom Tisch springt und auf der Küchenschwelle verkündet, dass er jetzt schnell alles wieder auf Hochglanz bringe und sie sich doch einfach schon mal gemütlich aufs Sofa setzen könne. Nein, mithelfen wäre keine so gute Idee … ein bisschen kompliziert … geht so auch schneller … lass mich mal machen.

Das versteht sie nicht. Darf sie nicht mithelfen, weil sie die Chromarmaturen nie abtrocknet, so wie er? Weil sie die Spülmaschine immer zu voll packt? Warum kann sie sich nicht freuen über ihren kleinen emsigen Privatkoch? Was hat dieses verdammte neue Hobby mit Gemeinsamkeit zu tun. Und warum zum Teufel sollte sie ihm nicht endlich sagen, dass sie es ja ganz schön findet, wenn er immer kocht, dass sie aber lieber irgendwas zu zweit machen würde, wenn sie schon mal beide ein freies Wochenende haben.

Sie sagt es ihm und schon sind sie mitten im schönsten Streit. Immerhin ja dann doch was Gemeinsames zum Ausklang, streiten kann man nicht allein. Aber welch ein Albtraum!

Auffallend an dem selbsternannten Küchengott ist auch, dass er strikt nach Rezept kocht. Selten Impro, Impro ist weiblich! Niemals würde eine fehlende Zutat durch eine ähnliche ersetzt, nein: Der neue Mann geht nicht mehr meilenweit für eine Camel Filter, er fährt meilenweit für eine Vanilleschote, um einen uralten Werbespruch zu zitieren aus Zeiten, in denen Männer noch Cowboys waren: Rauchten, was das Zeug hielt, auf gesunde Ernährung pfiffen und einsam durch ihr allzu kurzes Leben zogen. Der Vanillemann hingegen hat seinen Körper mit Fitness und Top-Ernährung auf ewig jung gestellt, Küche und Kochzubehör sind State of the Art, und seine Rezeptesammlung ist heilig. Was er nicht selbst im Kopf hat, da weiß er, wen er mal schnell fragen kann und wen eher nicht.

Da steht die Partnerin und Mutter seiner inzwischen erwachsenen Kinder auf Rufweite in der Wohnung, aber für die Minestrone, die beileibe keine normale GEMÜSESUPPE ist, wie er hartnäckig behauptet, wird die neue Frau vom ältesten Freund angerufen, es wird im Internet gegraben, das Kindheitsgedächtnis angebaggert und das eigene Vorstellungsvermögen aktiviert, bis eine „Minestrone" gekocht ist mit allem, was nicht von selbst weglaufen oder wegfliegen kann, also allem, was an Gemüse sich so dem Vorstellungsvermögen anbietet: einschließlich dicke, fette weiße Bohnen, kleine schmale grüne Bohnen, flache breite gelbe Bohnen, Rübchen rot und Kürbis hellrot, Blumenkohlröschen, Kohlrabischeibchen, Fencheljulienne. Das Ganze dann so gefühlte fünf Stunden leise köcheln lassen, immer wieder den Topfdeckel lüften, um das Kondenswasser abtropfen zu lassen, mit drei Handvoll jungem geraspelten Ingwer abschmecken und am Ende ein halbes Kilo Parmesan drüberreiben: Der Knaller! Die Geschmacksexplosion! DAS ist ne Suppe!!

Dass man in der Küche nachher kein Glas mehr irgendwo abstellen konnte, weil auf diesem Kriegsschauplatz alle Flächen übersät und bestückt waren mit Tellerchen und Schälchen und Sieben und großen und kleinen anderen Behältnissen nach seinem Kampfkochen, das störte ihn überhaupt nicht. Im Gegenteil, dieses Schlachtfeld, als hätte man die Küche einmal von innen nach außen gestülpt und nichts mehr da war, wo es sich vorher befand, trug zu seinem Stolz noch bei: „So ist das eben beim Kochen, wenn man's richtig macht!"

Wir finden: So ist das eben, wenn man die Fernsehköche nachmacht, die in eine Studioküche einziehen, in der arme Praktikantenschweine Stunden vorher alle Requisiten hindekoriert haben: Vom Sponsor gestellte Edelchromschüsseln mit vom Sponsor gestifteten Gemüse- und Fleischstücken, auf dass der Kochmeister sie unter großem Geschwafel in Topf und Pfanne und Pfännchen füllt, hier und da ein Stückchen geeiste Butter absticht und einhändig Eiweiß zu Eischnee aufschlägt … (An dieser Stelle fragen wir uns immer, wo das arme Eigelb abgeblieben ist – schon anderweitig hineinlegiert? Waren wir einen Moment unaufmerksam?)

Wie die Studioküche nach Abmarsch des Meisters zurückgelassen wird, kann uns natürlich wirklich egal sein. Wie aber der Zustand unserer eigenen Küche ist, in der wir vielleicht am nächsten Morgen einen Kaffee zubereiten möchten und überhaupt und so im Allgemeinen - wenn es um das reine Versorgungskochen geht zum Beispiel - auch hantieren wollen, das kann uns nicht egal sein.

Wir kennen eine, die für getrennte Küchen plädiert, denn schon abwechselndes Benutzen derselben, erst recht aber gemeinsamer Aufenthalt zum zweisamen Kochen führe aller ihrer Erfahrung nach zum Geschlechterkampf.

Denn auch, wenn nicht wirklich gekocht werden soll, sondern sie vorschlägt, am Abend einfach – ja, was wohl?, natürlich: SALAT - zu machen, auch dann gibt unser Meisterkoch das Heft nicht aus der Hand. Sie verweist zwar auf die gekochten grünen Bohnen und Pellkartoffeln vom Vortag, die man noch verwenden könne und dass Eier da seien und Thunfisch irgendwo auch noch und dass das doch einen schönen Salade Nicoise ergäbe. Den möge er doch auch gerne? - Er: Ja, super, den könne man doch übrigens auch mal mit weißen Bohnen machen, Saubohnen, die binden die Vinaigrette! - 'Sie: Ja, vielleicht … weiß nicht … - Er: Und diesen Schafskäse, das gibt Würze! - Sie: Nein, keinen Schafskäse, das passt nicht zu Thunfisch und Ei, finde ich. - Er: Sei nicht immer so fixiert, kochen ist kreativ! - Sie: Wieso fixiert? Ich will Salade Nicoise und keinen griechischen Salat, und im Griechischen Salat will ich Oliven und keinen Thunfisch … Er unterbricht: Siehst du, du BIST fixiert! Ich probiere einfach gerne was Neues aus. Hab doch auch mal ein bisschen Phantasie! Was hältst du zum Beispiel von … mit … an … und dazu ….- Sie gibt sich geschlagen: Okay, dann mach du!

So ließ er seine Phantasie walten, seine Kreationen erreichten im Freundeskreis als sogenannte „Sonntagserfindungen" zweifelhafte Berühmtheit, tollkühne Kreationen, die er „lecker" fand: Zwiebeln roh mit Crème Fraiche vermatschen, in Blätterteig rollen und ab in den Ofen (macht Jamie das so?), Kartoffel-Lauchsuppe mit Curry und Kokosmilch zu einer Thaisuppe „verfeinern", Fisch vorher „andünsten" (was ist Andünsten?), Kräuter hacken nur mit „Wiegemesser" (nicht umgekehrt? Wiegen mit Hackmesser?), aus 1 Kartoffel, einer halben Zucchini, 17 Eiern und 1 Liter Sahne eine „Tortilla" backen (welches spanische Rezept soll das denn sein?).

Das anfängliche Schmunzeln verging ihr bald. Seine Kocherei setzte ihr ordentlich zu, in jedem Sinne; erst ist sie abgemagert, dann dick und dicker geworden.

Sie kocht übrigens schon lange nicht mehr (während er unterdessen noch das Brotbacken entdeckte) und lässt sich ungerührt auch nachsagen, dass sie das sowieso nie richtig konnte. Es ist egal, sie sind jetzt getrennt und mit dem Neuen geht sie immer essen.

Und so kommen wir vom Thema „Mein Mann kocht, deiner auch?" zur Frage „Wer hat Angst vorm Mann am Herd/ genug vom Mann am Herd?". Obige bislang unerschrockene, stets heitere Freundin verkündete ungewohnt unheilschwanger, sie wolle nie wieder, nie wieder in ihrem ganzen Leben, mit einem Mann zusammen sein, der die Ärmel aufkrempelt und sich in die Küche begibt, um Brot zu backen. Dieses Brotbacken war der Anfang vom Ende ihrer Beziehung mit dem Mann. Vom einst gutgelaunten Grillkönig im Kreise von Kumpels, Nachbarn und seiner Liebsten war er zum schweigsamen verbiesterten Hochleistungskoch geworden, in ihrer mittlerweile zum Showroom umgestylten guten alten Wohnküche, in der er am Ende auch Pirouetten als Patisseur drehte und sich vor nichts mehr scheute – auch nicht vorm Plätzchenbacken für die neue Nachbarin.
Da wendet sich der Gast mit Grausen …

Nörgelnde Frauen und besserwisserische Männer, nörgelnde Männer und besserwisserische Frauen.

Stimmt das, zufriedene Frauen gibt's nicht? Weil sie seit Jahrzehnten eine Männerdomäne nach der anderen knacken (müssen), ohne große Anerkennung oder sichtbaren Erfolg zu kassieren? Da spricht man immer noch über „Frauen-Quote" und gleiche Gehälter, und dann soll man so einen Kochgockel für ein bisschen Kastanien-Mousse ins Unendliche loben?
Erwarten diese Kerle, diese Schmerzensmänner am Herd, ernsthaft, dass sie für das Betätigungsfeld „Küche-Kinder" Extra-Lob be-

kommen, ein Job, für den Frauen seit Jahrzehnten bestenfalls belächelt werden, weil das ja wohl „selbstverständlich ist"?

Was nutzt einem der selbsternannte Meisterkoch (wie immer alles relativ/subjektiv), wenn man hinterher die ganze Küche großreinigen muss – klar ist marinierter Bachsaibling mit gebackenen wilden Austern lecker, aber ist es das wert? Was nutzt einem der schmutzende Küchenchef, wenn er all die kleinen gemeinen Alltagsverrichtungen ignoriert, so banale und zeitraubende Dinge wie Bodenreinigung oder Oberflächenbehandlungen, einfach das tägliche Instandhalten von Haus und Hof. Also fangen wir an wegzuräumen und zu putzen – Tatortreiniger: Frau! Und dazu nörgeln wir ein bisschen...

Wenn Frauen zu Furien werden, ist das übertrieben oder berechtigt?

Liegt es daran, dass einfach viele Frauen einen Putz- oder Sauberkeitsfimmel haben, einen übertriebenen Hang zum demonstrativen „also objektiv kann ich das besser, ich bin mindestens dreimal so schnell und dabei viel gründlicher"?

Warum lassen sie sich freiwillig diesen Schuh anziehen, selbst noch in der Freizeit? Sei es am Wochenende auf der Berghütte, beim Segeltörn oder im Wohnmobil. Es ist nicht zwangsläufig so, dass in einer kleinen Reisegruppe von der einzigen Frau an Bord alltägliche Putzorgien erwartet werden, ganz im Gegenteil – das (ver)stört die anwesenden Männer, es macht sie fertig. (Das lässt sich auch auf rein weibliche Reisegruppen übertragen, wo es immer eine standardsetzende „Putzchefin" gibt.)

Und dann dieses ewige Nachfeudeln, nie ist es gut genug, immer wird noch eines draufgesetzt: Ist es wirklich nötig, den Toaster auf Hochglanz zu bringen und Jeans und T-Shirts und noch das letzte Kindersöckchen zu bügeln? Die nervige Hygienebeauftragte Frau

Saubermann, die allzu penibel ist und auch noch stolz darauf, sollte sich vielleicht mal ein Beispiel an der nonchalanten Französin nehmen, die sagt: „Besser schlecht geputzt als selbst geputzt!" (Natürlich ist das alles auch anders herum möglich - die Putz-Schlampe versus Herrn Ordentlich -, meist aber sind es die Frauen, die permanent unter Putz- und Ordnungszwang zu stehen scheinen, kein Revier abgeben können und sich oft keine Putzhilfe leisten wollen, weil ja keiner so gut putzt wie sie selbst …)

Am schlimmsten sind die Umerziehungsprogramme, die manche Frauen starten, es fängt ganz harmlos an, ein subtiles „ Ach Schatz, bitte, kannst du nicht …" bis zum Holzhammer: „Kein Duschen, kein Sex". Peu à peu wird er konditioniert, degradiert bis zum Handtaschenträger und Ein- und Ausparker-Laumann. Muss das sein? Dieses permanente Gezeter: "Wieso bleibt das immer an mir hängen, siehst du denn nicht, dass …"

Nein, sie sehen ihn nicht, den Staub. Vielleicht, weil sie fast zwei Meter groß sind und folglich so weit weg vom Boden. Sie verstehen nicht, warum ein Tisch im Minutentakt abgewischt oder poliert und die Anordnung diverser Lifestyle-Objekte vom Kissen bis zur Blumenvase strikt eingehalten werden muss und diese, aber nicht jene Kerze benutzt werden darf und das Obst nicht zum Essen sondern Deko ist!

"Er stört den Gesamteindruck", heißt es da nicht selten bei designwütigen Damen mit ihrem Servietten- und Gästehandtücher-Origami.

Doch die meisten Männer möchten lümmeln und sich wohlfühlen ohne ein Teil des „Gesamt-Arrangements" werden zu wollen.

Dieses typisch weibliche „Extra gut sein", „Nicht loslassen können" überträgt sich mitsamt der Hygiene-Hysterie und keimfreien Zone auch auf die Kinder. Wie oft hört oder sieht man es im Kindergarten, dieses mitleidig-wissende: "Ach, hat dich heute der Papa angezogen?" Als ob es nicht wurscht wäre, wenn die Socken nicht zusammengehören und der Pullover schmutzig oder auf links ist und die Mütze fehlt … Da leiht man sich eine oder setzt die Kapuze auf oder friert sich halt mal die Ohren ab und denkt beim nächsten Mal selbst dran (wenn man alt genug ist).

„Ich spüre das instinktiv, aber IHM muss man es erst sagen", ist so ein typischer Super-Mutter-Spruch. Natürlich ist dieses übervorsichtige „Helikoptern" mit vermeintlich besorgtem Tunnelblick nicht genuin weiblich, generell gilt: Entkoppelt euch, klammert nicht, lasst die Kinder mal frei! Oder die Männer. Oder die Frauen!

Männer haben generell eine höhere Toleranzschwelle gegenüber überquellenden Waschkörben und Geschirrstapeln, oft ein ganz anderes Ordnungsverständnis (komisch allerdings, das sie gleichzeitig ihre Schräubchen und Dübel penibel nach mm-Größe sortieren können).

Sie sehen Haushaltsleistung anders, lässiger, anarchistischer. Da wird schon mal mit dem Silberbesteck in der Aschenglut herumgestochert oder die Wandfarbe angerührt. Diese Coolness in puncto Haushalts- oder Kinderführung kann manchmal richtig wohltuend sein, meist jedoch führt sie zu Erbitterung.

Dabei wissen Männer sehr wohl, dass Familienmanagement anstrengend ist und geben sogar zu, dass es anstrengender ist, als sie dachten. Allein die Eltern-Arbeit, die neben der Kindererziehung und –bespaßung auch Sprechstunden in Schule etc., Elternabende, diverse Feiern und Aufführungen sowie Elterndienste impliziert.

Wenn`s dann zu stressig wird, beruft Mann sich gerne auf seinen Ernährer-Job. Zwar wird die Elternzeit von immer mehr Vätern genommen, von der großen Mehrheit dieser Männer leider nur kurz (im Übrigen sind die Vorzeigeväter überwiegend Ligisten im höheren Einkommenssegment, die sich reduzierte Arbeitszeiten leisten können und nicht repräsentativ für das Gros bundesdeutscher Familien). In der Regel tendieren sie zur Zwei-Monats-Variante, weil sie um ihre Karriere fürchten. Und nach der Rückkehr in den Beruf erschreckend rückständig werden, teilweise sogar mehr arbeiten als zuvor: Agile Windel-Flucht!

Tatsächlich arbeiten heute trotz der Elternzeit weniger Mütter Vollzeit als vor fünfzehn Jahren; sind wir also wirklich das Kontrastprogramm zu unseren Eltern und Großeltern?

Damals in den goldenen Hausfrauenzeiten waren die Rollenbilder eindeutig verteilt (wobei die Frage ist, ob sie inszeniert oder gelebt wurden, ließ man sich wirklich aufeinander ein oder spielte man nicht vielmehr die aufdoktrinierte Rolle, aber das ist ein weites soziologisches Feld).

Das ist heutzutage nicht mehr so. Typisch für unsere Generation, diese egomanische, stets nach Bestätigung heischende, superindividualisierte, optimierungsindustrialisierte Gesellschaft ohne Selbstbescheidung, ist die vielzitierte „Machbarkeitshysterie" (zur „Vereinbarkeitslüge" vgl. Marc Brost/Heinrich Wefing, Geht alles gar nicht, *Zeit-online*, 31.1.2014).

Damit setzen wir uns nur noch weiter unter Druck. Wir akzeptieren keine Grenzen mehr. Es gibt keine „typisch männlich" und „typisch weiblich" definierten Bereiche mehr, was durchaus positiv ist, die Sache aber anstrengender macht.

Wir können ja alles und wir wollen alles, auch das, was unmöglich erscheint. Kinder und Karriere, Braten ohne Fleisch, Internet ohne Datenmissbrauch, Küchengötter ohne Herrscheranspruch. Alles geht - zumindest theoretisch. Job, Leben und Kinder sind vereinbar, müssen vereinbar sein (wobei dies womöglich nur Thema ist für privilegierte Mittelständler in privilegierter Arbeitssituation).

Unvereinbarkeiten gibt's also nicht mehr. Ein schlichter Beruf tut's heutzutage kaum noch, Jobs zum schnöden Broterwerb? Wer gibt das schon zu? Es muss Berufung sein, mindestens, eine Prise Selbstverwirklichung bitteschön (noch einmal: gilt nicht für alle Bevölkerungssegmente. Möglicherweise arbeitet man auch nur deshalb, weil man das Geld braucht, ha.).

Mit Kindern wird die Herausforderung noch größer, man ist weniger konkurrenzfähig, einem permanenten Spagat von Wollen und Können unterworfen, gepaart mit schlechtem Gewissen und Zorn. Ein zumeist weibliches Phänomen:

So wird Super-Mutti A in ihrem Karriere-Flow dauernd unterbrochen von der schlechten Betreuungssituation vor allem älterer Kinder und diversen Kapriolen ihrer Sprösslinge, Geigenstunde von Kind Eins und Fechten bei Kind Zwei überschneiden sich, das ist chauffeurtechnisch und logistisch kaum zu bewerkstelligen und Papa fällt aus, weil er einen wichtigen Termin hat und SEIN Job sowieso immer irgendwie wichtiger ist, und sie kann wegen Soccer des Jüngsten schon nicht zu ihrem Mittwochs-Yoga und die Hockey-Turniere am Wochenende nerven auch und meist muss ja sie Kompromisse machen, und „Kochen, Mensch, das macht man halt schnell und gesund, die Kinder sind ja relativ anspruchslos, aber ER … ". Bei dem ganzen Gehustle „gibt sie sich immer mehr auf", glaubt sie, sie liebt ihre Kinder, sie liebt ihren Mann und sie liebt ihren Job, aber „wo bleibe ich dabei?"

Super-Mutti B, alleinerziehend, kontert: „Also, das ist Jammern auf hohem Niveau, ich habe überhaupt keine Zeit für Selbstverwirklichung, ich muss nämlich den Laden ganz alleine schmeißen."

Und Supermutti C sieht das gemütlicher: „Erstens muss man seine Kinder ja nicht zumüllen mit überflüssigen Hobbys und zweitens habe ich schließlich keine Kinder gekriegt, um sie dann ganztags zu entsorgen, nur wegen meines Jobs. Ich mache das gerne, das Rumkutschieren und auch das Gekoche, und Sonntags darf ER mal ran, auch wenn's danach wüst aussieht in der Küche."

Wohl dem, der das so gelassen angeht. Denn in der Regel fühlen sich Männer wie Frauen zunehmend einer modernen, schier unerträglichen Erwartungshaltung zum perfekten Allround-Talent ausgesetzt, die sie nur mit großen Anstrengungen erfüllen können.

Klar, wir haben tausend Lebensentwurf-Optionen, wir sind unersättlich und egozentrisch, wir können alles und wollen mehr und alles gleichzeitig, wir sind dank Sozialer Medien dauerverfügbar oder zumindest permanent erreichbar: Job und Privatleben gehen nahtlos ineinander über. Wir arbeiten verschiedenste Modelle ab, wir sind Meister in Latein-Nachhilfe und gehen zum Babyschwimmen und in die Hundeschule, wir können alle PC-Probleme lösen, Holz hacken, Fallschirmspringen und sogar kochen! Vorbildlich.

Unsere tolle superoptimierte Turbo-Gesellschaft fordert Turbo-Mutti mit Turbo-Vati und den Turbo-Kindern im Turbo-Stress. Selbst in der Freizeit, denn auch die muss hochleistungsmäßig sein, Turbo-Urlaub mit Turbo-Fernreisen (es gibt ja kaum noch Zehnjährige, die noch nicht in New York oder auf Hawaii waren). Da kann man dann richtig entspannen von seinem Turbo-Job und dem Turbo-Alltag, den man natürlich super hinkriegt … oder hinkriegen sollte.

Woher kommen all diese Erwartungen, diese Leistungsideologie, dieser Vereinbarkeitswahn(sinn), dieses Anerkennung-Fordern, das darin gipfelt - und nahezu absurden Ausdruck findet –, dass man Gelikt-Werden will von völlig Fremden, Unbekannten im Netz! Daumen hoch, Daumen runter, wie damals im Circus Maximus.

Wer setzt die Messlatte so hoch? Wir selbst? Bei allem Optimismus und Organisationstalent der Welt lassen sich Familie und Fulltimejob kaum zufriedenstellend 100prozentig meistern. Wie man`s macht, ist es nicht richtig. Oft jedenfalls. Dieses Gefühl haben vor allem berufstätige Mütter, siehe oben. Wollen wir wirklich freiwillig diesen ganzen Stress oder ist das Ganze nur ein großer Betrug, dieses: Alles ist machbar, muss machbar sein.

Sind es nicht vielmehr die Medien oder die Politik, die uns ständig vorgaukeln oder propagieren, wie locker man mit allen Mehrfach-Belastungen umgehen kann, wie normal es ist, dauernd unter Pressluftdruck zu stehen und dabei zu funktionieren. Permanentes High Tuning der „Menschmaschinen". (Wo sind sie denn geblieben, all die großen und kleinen Ich-AGs? Ausgebrannt, abgebrannt.)

Ist es nicht nur ein Blueprint, dem wir hinterher hecheln, denn: Das machen die anderen auch, das KÖNNEN die anderen auch, und wir wollen auch geliebt, bewundert oder beneidet werden. Und deshalb geben wir Gas, soviel, bis wir durchschmoren, weil wir Angst haben, nicht mithalten zu können.

Wenn auch alle Medien ihn ausrufen, den „Neuen Mann", den „Mann am Herd" – letzteren gibt es zweifellos, doch er taugt nicht zum Idol -, ist das nicht nur ein weiterer PR-Gag, eine Erfindung von geschäftstüchtigen Leuten, die einfach mal wieder einen

Trend setzen wollen, nachdem schon Rosa, Weiß, Orange und Neongelb oder Grau das „Neue Schwarz" waren? Sind wir nicht Lichtjahre entfernt von dieser Theorie der neuen Gesellschaft ohne Geschlechterstereotypen, auch wenn wir uns praktisch redlich mühen? (Dazu auch die Reihe „Mythos Neuer Mann", *Spiegel online* 2011)

Wenn dann der wie auch immer „Neue Mann" (bereits in den 1980er Jahren gab es das Schlagwort von den „Neuen Vätern"), der sich natürlich von seinem Großvater darin unterscheidet, dass er den Kinderwagen schiebt und BEKENNENDER Vater ist, noch auf die Idee kommt, sich am Herd auszutoben, um SIE zu entlasten und zu beglücken, womöglich mit oben zitiertem Hochleistungskochen, führt das nur bedingt zu großer Freude, bei aller Liebe.

Dann heißt es am Ende noch: Jeder gegen jeden. Dann kommt's zum Kampf um den Kochlöffel oder im schlechtesten Fall gar zum Geschlechterkampf, nämlich dann, wenn der Mann die Küche in Totalbeschlag nimmt und den gesamten Rest des Haushalts der Frau überlässt …

Vierter Akt

In Teufels Küche – Wir sind weichgekocht

„Ein Hund kam in die Küche/

und stahl dem Koch ein Ei/

Da nahm der Koch den Löffel/

Und schlug den Hund entzwei …"

Jetzt gibt's Hackeboeuf, alles kocht hoch und alles kocht über. Aus dem du und ich, mit all den schönen Plänen, Entwürfen und Modellen wird ein gnadenloses Gemetzel, ein du ODER ich, nachdem sich die vermeintliche Aufhebung der traditionellen Rollenbilder als Irrtum erweist, die Partner-, Mutter- oder Elternschaft als inkompatibel mit dem vollen Einsatz im Beruf.

Der Soßen-Gott mutiert zum Küchen-Nazi und die Küchenfee zur Küchenmaus, die letztlich nur als ultimatives Küchenaccessoire der Selbstbespiegelung des Meisters dient. Wir sind weichgekocht. Wir sind fertig, die „große Erschöpfung" hat sich breitgemacht (dazu auch Claudia Voigt in *Spiegel online,* 25.11.2013). Das große Jammern. Die große Ratlosigkeit. Die Realität.

Wir haben bemerkt, dass diese neuen Rollenmuster der modernen Gesellschaft uns nicht wirklich glücklich machen. Hier sitzen wir Klischees auf, denn irgendwie steigert sich unser Lebensgefühl nicht, sondern im Gegenteil: Alles wird hektischer und stressiger, trotz Fitness-und Gesundheitswahn mit 40 der erste Herzinfarkt, 50 sind die neuen 8o (während die leibhaftig 80jährigen rüstiger denn je auf die 100 zugehen.)

Unser Bestreben, es so besonders gut zu machen, scheint misslungen, wir haben uns verzettelt. Doch was machen wir falsch, wir hatten doch soviel vor? Oder sind wir bloß Weicheier mit Luxusproblemen?

Von KKK zu Doppel-B

Der Ruf nach Demokratisierung des Haushalts ist offensichtlich aus der Küche gekommen, dem Mittelstück des längst zu den Akten gelegten KinderKücheKirche: Die Männer haben „Küche" als neuen Spielplatz entdeckt, und die Frauen sind woanders.

Die Küche als Chiffre für Hausfrauendasein ist für die Frauen ein rotes Tuch, böse Wörter wie „Herdprämie" taugen zum Unwort des Jahres, und das erste K, zeitgemäßes Kinderhaben ist sowieso in „Familienmanagemant" umbenannt. Das K für Kirche hat ebenfalls ausgedient, denn die Sorge um das Spirituelle mündet nicht mehr im Frommsein und Kirchgang, sondern hat neue Ausdrucksformen gefunden wie vegane Ernährung, Yoga oder Bäume-Umarmen.

Die Abschaffung des alten Dreifach-K hat es nicht leichter gemacht, es entstand das neue Doppel-B: Die Doppelbelastung. Nachdem das Gros der Gesellschaft in Deutschland sich emanzipiert hat von alten Rollenklischees und der Klassiker „Alleinverdiener-Hausfrau" abgeschlagen hinter dem "Vollzeit-Teilzeit-Modell" rangiert, haben all die neuen Modelle in der Praxis den Frauen keine Befreiung gebracht, sondern Doppel- und Dreifach-Stress: Die eigene Erwerbstätigkeit ist ein selbstverständlicher Bestandteil im Frauenleben geworden, und mit Nachwuchs kommt auf den "normalen" Haushalt noch die kindinduzierte Hausarbeit hinzu. Kinder vermehren die täglichen Aufgaben massiv.

Das alles möchten die Frauen natürlich, wenn ein Partner oder Ehemann da ist, gerne etwas gerechter verteilen. Am liebsten gleichberechtigt. Mit vollem Recht, das ist nur fair. Und das schon seit Jahrzehnten, seit in den 1970-er Jahren die sogenannte erste Emanzipationswelle über Deutschland hinweg rollte. Jetzt haben wir die dritte, manche sprechen schon von der vierten.

Noch immer jedoch ist es in deutschen Familien Standard, dass Männer selbst mit vollzeitberufstätigen Frauen nicht im Entferntesten so "doppelt" belastet sind wie sie. Fakt ist, dass die Mehrarbeit an den Teilzeit-Frauen hängenbleibt: Laut "Weißbuch Frau" (Sybille Hamann/Eva Linsinger: Weißbuch Frau. Schwarzbuch Mann. 2008) leisten bei kinderlosen Paaren die Frauen fast die Hälfte mehr an täglicher unbezahlter Arbeit als ihre Partner: vier Stunden 7 Minuten die Frauen, zwei Stunden 51 Minuten die Männer. Bei Paaren mit Kindern ist die Differenz noch größer: sechs Stunden 16 Minuten versus drei Stunden 10 Minuten.

Frauen machen halbtags oder stundenweise ihren Erwerbsjob, kommen nachhause und machen da ihren Familienjob, müssen die abwesende Zeit meist noch aufarbeiten. Die Doppelbelastung Arbeit-Familie zwingt zum permanenten Umschichten, was schlichtweg Mehrarbeit bedeutet und von einer „Work-Life-Balance" kann Frau nur träumen. Da wird nicht einfach Family gespielt wie beim wieder einmal proklamierten „Neuen Vater".

Gut, die modernen Männer, die Kinder in Kitas bringen, packen im Haushalt zwar mit an, aber meilenweit entfernt von paritätisch. Das kann auf die Dauer nicht gutgehen. Es kommt zum Streit, zum richtig kindischen Streit um die Frage: Wer macht was und warum nicht du?

Also müssen auch die Männer ran, die schon als Jungs eher ungern aufräumten. Und das sind die meisten. Aber es nützt ja nichts, und so bekunden sie die besten Absichten und werden dabei von ihren Frauen mit Rat und Tat unterstützt. Oder schlauerweise mit einem Appell an ihre angeborene Abenteuerlust genötigt, ein sanfter Stups in die richtige Richtung, es gibt ja soviel Neues zu entdecken, soviel zu erforschen, Hausarbeit ist keineswegs ein Buch mit sieben Siegeln: Ihr Einsatz, Mr. Mitbewohner, bitte übernehmen Sie einfach nur Ihren Teil des alltäglich anfallenden Hauskrams! Sie schmutzen genauso wie ich!

Eigentlich will er auch, tut es aber nicht wirklich - und vor allem in der Regel nicht wirklich richtig.

Wie tickt der Mann?

Im Sommer 2013 hat die vom Allensbach Institut für Demokratie veröffentlichte, vielzitierte Studie „Wie tickt der Mann?" für einigen Wirbel gesorgt. Was die Aufgabenteilung im Haushalt betrifft, kommt die repräsentative Umfrage zu dem Ergebnis, dass dies der verbreitetste Konfliktpunkt in Partnerschaften und Ehen, mit oder ohne Kinder überhaupt ist.

Kaum zu glauben, wenn doch die Männer aus der Altersklasse der 18- bis 44-Jährigen sich insgesamt viel stärker an den verschiedenen Hausarbeiten einschließlich Kindererziehung beteiligen, als es ihre Väter getan haben. In der Liste Hausarbeiten finden wir natürlich auch unser boomendes Männerhobby eingereiht. So gibt knapp die Hälfte der Befragten an, dass sie genauso oft wenn nicht sogar mehr kochen als ihre Frauen. Von den 45- bis 65-Jährigen sagt das nur jeder Vierte.

Aber immerhin – das muss man sich mal vorstellen: Jeder zweite Jung-Neu-Mann und jeder vierte Best-Ager von 45 bis Rentenalter teilt sich mit seiner Frau die Kocherei mindestens paritätisch, wenn nicht mehr! Da stehen sie also, die Männer, die das Kochen für sich entdeckt haben, und übernehmen eine der sehr wichtigen und in der Regel täglich anfallenden Aufgaben in Haushalt und Familie. Und das Einkaufen der Lebensmittel erledigen sie tatsächlich auch: mit 59%, die sagen, sie teilten es mit ihren Frauen mindestens halbe-halbe, sogar noch häufiger als das Kochen selbst. Damit müsste doch der Konfliktstoff soweit entschärft sein, dass Mann und Frau sich auf wichtigere, angenehmere Streitthemen besinnen könnten als die Frage: Wer macht was im Haushalt und wieviel davon? (Zum Beispiel: Liebst du mich eigentlich noch? Oder: Wohin geht's in Urlaub?)

Das Gegenteil scheint der Fall: Trotz so unglaublich paritätisch kochender und einkaufender Männer ist die klassische Hausarbeit stark asymmetrisch verteilt, so ein Fazit der Studie. Aber immerhin tun sie was, die Männer, wenn auch den kleineren Teil.

Das klingt ja erst einmal gar nicht so dramatisch: Den kleineren Teil der Hausarbeit immerhin übernehmen sie. Aber wenn wir hinterfragen, was das für ein kleinerer Teil ist, dann befürchten wir, dass der Streit um die Verteilung auf immer und ewig so weitergehen wird. Denn in der Regel meidet der 20-Jährige genauso wie der 60-Jährige die klassischen Hausarbeiten, die im weitesten Sinne mit Raum- und Wäschepflege zu tun haben: vom geputzten Bad bis zum aufgeräumten Schrank. Am schlimmsten finden sie in dieser Reihenfolge: Bügeln, Wäschewaschen, Bad putzen, Fenster putzen. Nicht so schlimm scheinen Staubsaugen, Abwaschen und Aufräumen zu sein, da sagt fast die Hälfte, dass sie das gerecht teilen - so wie das Kochen.

Zum Hobby allerdings werden weder Staubsaugen noch Abwaschen noch Aufräumen avancieren, keine Gefahr! Kochen als Haushaltshobby ist nicht zu toppen. Umso interessanter die Frage, warum jetzt genau diese drei favorisierten Arbeitsbereichen „nicht so schlimm" sind. Wohnt ihnen ein geheimer Zauber inne, der uns bis jetzt entgangen ist?

Nehmen wir das Staubsaugen: Vermutlich liegt's wieder einmal an der Elektronik, wenn man die Arbeit an einen kleinen rotierenden Robo-Sauger delegieren kann. Saugt der Mann noch von Hand, bezaubert ihn eventuell der Reiz von analoger Technik und Maschine, die anspringt und Lärm macht und brummt und röhrt, wobei das Gerät energisch hin und hergeschoben wird und auch mal an Stuhlbeine knallt oder an Türfüllungen entlangratscht. Ist es nicht ein bisschen wie Rasenmähen Indoor?

Apropos Gartenarbeiten, so sie anfallen: Die übernehmen fast die Hälfte der Befragten auch gerne. Warum aber steht Fensterputzen ganz weit unten in der Beliebtheitsskala? Das ist doch auch irgendwie draußen, zumindest halb draußen? Ist das vielleicht sogar der wirkliche Grund? Weil man da gesehen wird beim Putzen und nicht geschützt ist wie drinnen im Bad, wo jedes Familienmitglied nach jedem Duschen dazu verdonnert ist mit einem läppischen Wischlappen oder diesem albernen Abziehding Scheiben und Gekacheltes umgehend wieder tropfenfrei auf Hochglanz zu bringen? Er duscht fast täglich und will keinen Stress, also macht er es. Sieht ja sonst keiner. Genau!

Beim Fensterputzen hingegen würde er sich den Augen der Nachbarn und der Welt da draußen als "Scheibenwischer" aussetzen. Das sehn doch alle! Wer wohnt schon in einem dichtumwachsenen Haus? Deshalb plädieren wir an dieser Stelle für die Erfindung einer richtig großen stylischen Hightech-Fensterputzmaschine mit integrierter Wasserpatrone und aufsetzbarer Trockenreibturbine, die zischt und brummt und knattert und schließlich Funken sprüht. Das würde aus dem „armen Mann mit Fensterlappen" den „tollen Mann mit der gefährlichen Maschine" machen - und wir hätten einen Streitpunkt weniger.

Bleiben wir bei den Männern drinnen. Dass Bügeln absolut nicht ihr Ding ist – geschenkt! Wer das nie macht, der kann es eben auch nicht, also macht er es nie. So einfach ist das, und so funktioniert dieser schon ausführlich vorgestellte Trick auch heute noch und weiterhin, als wären wir mitten in den Fünfzigern des letzten Jahrhunderts. Wenn wir uns so umhören und in Blogs und Foren zum Thema „Mann und Hausarbeit" nach einer Begründung suchen für die Verweigerung ungeliebter Dinge, dann heißt es immer und immer wieder: FRAUEN KÖNNEN DAS BESSER!

Soso, Frauen haben also ein „besonderes Talent" dafür!

Der Respekt unserer Haushaltshelden vor ihren Frauen geht sogar soweit, dass sie "faire Deals" aushandeln. Da sagt zum Beispiel ein 31-jähriger Rainer: "Ich bring immer den Müll weg – ganz klarer Fall. Das ist super, weil ich kurz an die frische Luft komme und dabei ganz viele Punkte sammle, weil es angeblich so super unangenehm ist. Außerdem stecke ich auch immer einen neuen Beutel in den Eimer." Oder ein 27-jähriger   Lars: "Abspülen mache ich. Meine Freundin kocht sehr selten, für sie ist das eine echte Strafe. Insofern gibt es nie viel zum Abspülen." Oder Jonas, 33: "Mein Job ist einkaufen und kochen. Meine Frau meint, dass ich deshalb das Recht habe, etwas weniger im Haushalt zu tun." Und schließlich der 30-jährige Allrounder: "Ich mache die einfachsten Arbeiten freiwillig, um die unangenehmen Sachen zu vermeiden. Das klappt!"

Na, und wie das klappt! Welche Frau würde hier einen Streit vom Zaun brechen: Der übernimmt gleich mehrere Sachen – und das sogar freiwillig! Der könnte ja ganz andere Seiten aufziehen und sich mal so richtig unfreiwillig beteiligen, und wenn's ganz hart wird, einfach gehen: Weggehen!

Das machen nämlich andere Männer, die, die sich vor lästigen Arbeiten im allgemeinen drücken. Hier ein paar gute Tipps von Mann zu Mann: "Man muss nur zur richtigen Zeit am richtigen Ort sein. Wenn ich merke, dass sie mit dem großen Hausputz anfängt, gehe ich schnell weg, um zwei, drei Einkäufe zu erledigen." - "In heiklen Momenten gehe ich einfach weg, zum Sport zum Beispiel. Meine Freundin steht schließlich auf durchtrainierte Körper und will bestimmt nicht, dass ich mich gehen lasse." - "Ich lasse mir manchmal mehr Zeit als nötig, wenn mich meine Freundin ruft, um irgendetwas zu erledigen." - "Wenn ich einkaufen gehe, bleibe ich meistens an der Kneipe um die Ecke hängen und treffe mich mit Freunden. Ja, okay, ich weiß, das ist nicht besonders nett von mir." Und einer sagt: "Ich mache nichts, gar nichts. Putzen ist Frauensache. Nee, war nur ein Scherz."

Na bitte, das war doch nur ein Scherz! In Wahrheit macht Andreas, 28, Architekt, "schon so einiges: Einkaufen, Kochen, Müll wegbringen". Und an dieser Stelle müssen wir wirklich mal herzlich lachen: Einkaufen (nach draußen verschwinden), Kochen (Hobby), Müll entsorgen (nach draußen verschwinden) – ja, das würden wir auch gerne übernehmen und den Rest jemand anderem überlassen, und zwar egal, ob der das besser kann oder nicht! Lassen wir doch die Männer mal ihre persönlichen Hemden – oder ihre Kochschürzen! - selbst bügeln. Und zwar konsequent, und nicht versuchsweise. Über kurz oder lang KANN er das oder bringt sie in die Reinigung zum Waschen/Bügeln/Legen. (Und glaubt uns, das klappt! Zum Friseur schaffen es die meisten Männer ja auch.)

Aber wir wollen jetzt keinen Streit vom Zaun brechen , sondern uns weiter in die Männerwelt einfühlen und in Erfahrung bringen, was von den schönen Dingen, die es drinnen und draußen zu erledigen gibt, sie denn nun am liebsten mögen. Wir gucken uns die oberen Plätze der Allensbach-Rangliste von Hausarbeiten an, die 16 Tätigkeiten nach Beliebtheit sortiert. Und siehe da: Am allerliebsten kümmern sich alle Männer aller Altersklassen um folgendes:

1. Unterhaltungselektronik, Computer und Handys aussuchen

2. Reparaturen im Haushalt

3. Ausflüge und Urlaub organisieren

4. Finanzen und Versicherungen

5. Haushaltsgeräte aussuchen

Auf Platz 6 folgt schon das Lebensmitteleinkaufen (hatten wir schon, Stichwort "aushäusig" und nicht ganz unerheblich fürs Kochen), und dann kommt gleich danach auf Platz 7:

Streit in der Familie schlichten und vermitteln.

Kaum zu glauben, wir reiben uns die Augen: DAS ist Hausarbeit? Nicht einmal unter dem heute gängigen Label "Familienarbeit" würden wir die Punkte 1 bis 5 durchgehen lassen, nur 6 und 7: Lebensmittel einkaufen und Streit in der Familie schlichten. Aber das andere? Selbst wenn es der Familie zugutekommt - ist das ARBEIT? Durch Elektromärkte ziehen, im Internet nach schönen Urlaubsplätzen suchen, den Ordner mit den Familienfinanzen und Versicherungspolicen im Griff haben, mal den Werkzeugkasten rausholen und etwas festschrauben oder andübeln?

Praktizieren Männer dies als ein Ablasshandel von der täglich anfallenden Plackerei im Haushalt, die auch der überwiegenden Mehrheit der Frauen keinen Spaß macht und die sie sich bestimmt nicht aus freien Stücken ausgesucht haben? Es hat in diesem Bereich nie eine salomonische Teilung dergestalt gegeben, dass einer alles aufgeteilt hat und der andere wählen durfte.

Also wie definiert sich eigentlich Hausarbeit? Für manch einen ist ja schon Kaffekochen „Arbeit", und wem bitteschön liegt etwa Bügeln „im Blut"? Anders herum: Muss tatsächlich jeder Handgriff zur Hausarbeit stilisiert werden? Zum Beispiel die klassischen Männerarbeiten wie Renovieren, Umbauen, Instandsetzen von allerlei Leitungen, Schneeschaufeln, Dachrinnen säubern, sowie „alles ums Auto". Ist das Hausarbeit? Tägliche gar? Oder nur Ausdruck des männlichen Unwillens, sich bei niedrigen Putzarbeiten oder pingeliger Wäschepflege zu verwirklichen? Was ja Frauen sowieso besser können. Wenn sie's dann nur täten vor lauter Berufstätigkeit!

Laut statistischem Bundesamt halten 68% der Deutschen die Karriere der Frau für das größte Konfliktpotential in einer Beziehung. Und die Allensbachstudie nennt eine Folge der Karriere der Frau, nämlich die Frage nach der Arbeitsteilung zu Hause, dann tatsächlich auch als häufigsten Streitpunkt. Hier haben wir es wieder, natürlich liegt es an den Frauen! Wenn sie draußen in Sachen Karriere unterwegs sind, können sie drinnen nicht mehr den Großteil der unbezahlten Arbeit verrichten. Also können ihre Männer sich auch nicht mehr nur die Rosinen rauspicken und den Rest ignorieren. Und wenn sie es doch weiterhin so machen – was ja in deutschen Haushalten offensichtlich so ist –, dann gibt's Stress.

Jedes Mal aufs Neue, Tag um Tag, jahrein jahraus. Deutschland ist der Stressweltmeister.

German Angst

Nicht selten hört man von jungen Frauen, dass sie direkt "Angst" hätten, Kinder zu bekommen, wenn sie sich so umguckten und umhörten in der Jung-Eltern-Landschaft in Deutschland. In einem der reichsten Länder der Welt! Angeblich ist jede vierte deutsche Frau unglücklich wegen ihrer Lebens- bzw. Arbeitssituation, sie kriegt den Spagat zwischen Familie und Arbeit nicht hin, ganz zu schweigen von richtiger Freizeit, Zeit für sich selbst.

Warum dieses Unglück? Liegt es daran, dass sie immer super-perfekt sein will und die Fehler bei sich selbst sucht, bei ihrer vermeintlichen persönlichen Unzulänglichkeit? Weil sie sich aufreibt bei dem Versuch, es allen recht zu machen, dem Partner, den Kollegen, den Kindern?

Da kann sie etwas von den Männern lernen. Die geben nur selten zu, dass sie scheitern, und wenn, wird die Schuld im Umfeld gesucht, denn man selbst definiert sich ja über natural born Dominanz und Überlegenheit und die Deppen sind immer die anderen!

Warum nimmt sich die unglückliche Frau kein Beispiel an Südländerinnen oder Skandinavierinnen, die bestimmt mindestens so beschäftigt sind wie sie, die ihre Kinder aber ohne schlechtes Gewissen den ganzen Tag betreuen lassen, ihren Job machen können und auch spürbar weniger ihrer kostbaren täglichen Zeit mit Hausarbeit vertun. Statt zuviel zu putzen, sind sie lieber ein bisschen glücklicher – die Dänen sind in einer Studie kürzlich zu den glücklichsten Menschen weltweit gekürt worden. Das liegt bestimmt nicht nur daran, dass kein Punkt in diesem schönen Land weiter als 50 Kilometer von der Küste entfernt liegt: Jeder Däne ein Strandkind, und oft ohne Aufsicht der Mütter (dänische Frauen arbeiten gerne Vollzeit).

Hierzulande ist die Küstenlinie kürzer, und natürlich ist die Betreuungssituation auch anders. In einer Studie der Friedrich-Ebert-Stiftung beleuchtet Angela Luci ("Frauen auf dem Arbeitsmarkt in Frankreich und Deutschland", März 2011) das Problem der deutschen Frau mit ihrer Doppelbelastung anhand eines Vergleichs mit der Situation in Frankreich. Auch zu diesem Nachbarn gibt es gravierende Unterschiede: Während in Frankreich die Erwerbstätigkeit der Mutter und ihr Recht auf Karriere und ökonomische Unabhängigkeit selbstverständlich sind und der kulturellen Norm entsprechen – ebenso wie die Entscheidung, die Kinderbetreuung "auszulagern", anstatt hierfür von den Männern mehr häuslichen Input zu fordern -, ist in Deutschland das traditionelle Mutterbild noch weitverbreitet. *Mères poules* werden in Frankreich die deutschen Mütter genannt: Mutterglucken.

Kindererziehung plus Hausarbeit ist hierzulande Sache der Frau, und staatlicher und auch privater Kinderbetreuung steht man skeptisch bis ablehnend gegenüber. Familie hat stets Priorität vor den beruflichen Belangen der Mütter, nach dem Motto: Immer schön alles mit Kindern und Familienleben vereinbar halten.   "Fremdbetreuung" ist für die deutsche Frau eigentlich nur eine Notlösung, wenn's brennt, wird improvisiert und gestückelt, mal springt der ein, mal die, mal muss die Oma ran ... Niemals wird das Problem strukturell angegangen, seit Jahren gibt es keine wirkliche Veränderung, Elterngeld hin oder her.

Angela Luci fordert in ihrer Studie eine "progressive und aktive Frauenpolitik", die "als Querschnittsaufgabe für Politik, Wirtschaft und Gesellschaft begriffen wird" und kommt zu dem Schluss, dass "Frankreich gegenüber Deutschland einen deutlichen Vorsprung im Bereich Vereinbarkeit von Familie und Beruf hat".

Dieser Vorsprung liegt nicht nur an fehlenden oder falschen Strukturen in Deutschland, sondern auch an dem Entschluss der Frauen selbst, sich schwerpunktmäßig Richtung Familie zu orientieren. Und das im Einverständnis mit ihren Männern, die ebenfalls der Meinung sind, dass Kinder bis drei, oder besser noch bis fünf Jahren die Vollzeitmama zu Hause brauchen – die damit auch weiterhin ihnen selbst ordentlich den Rücken freihalten (was ja gut und bewährt ist, denn bekanntlich steckt hinter jedem erfolgreichen Mann eine starke Frau).

Ganz anders in Frankreich, wo die Familienpolitik den Eltern spürbare steuerliche Erleichterungen und Zuschüsse für die Wahl der Kinderbetreuung gewährt. Es ist alles andere als verpönt, sein Kind bereits im ersten Lebensjahr in die Krippe zu geben oder eine Tagesmutter zu engagieren. Betreuung und Erziehung im Kollektiv werden auch deshalb positiv bewertet, weil es unabhängig von sozialer Herkunft nicht nur die Entwicklung, sondern auch die Chancengleichheit fördere.

Hingegen in Deutschland mit den sogenannten Transferleistungen: Nicht die Betreuungseinrichtungen selbst werden staatlicherseits bereitgestellt und gefördert, sondern Eltern bekommen aus verschiedenen Töpfen Geld, das sie wiederum für Kinderbetreuung ausgeben – oder auch nicht, und oftmals schlicht müssen: Ist alles schön Privatsache. Auch deshalb ist die Betreuungssituation hierzulande anders, katastrophal nicht nur für alleinerziehende Frauen, die Gehälter der Erzieher sind lächerlich, die Arbeitskultur mit ihrer Präsenzpflicht extrem familienfeindlich und so weiter und so fort.

Das fragile Geflecht der flexiblen Kinderbetreuung (eine möglichst optimale Mischung aus "selber machen" und "delegieren"), in dem jede berufstätige Mutter in Deutschland gefangen ist, wird brüchig bei der ersten Kinderkrankheit. Deswegen wird sogar noch die Impflobby unterstützt: Viele Kindergartenkinder sind doppelt und dreifach geschützt, denn wer kann sich schon Arbeits-Ausfallzeiten von bis zu acht Wochen leisten wegen der Quarantäne bei Masern, Röteln, Scharlach und Windpocken? Kaum ein Arbeitgeber würde für einen solch langen Betreuungsengpass Verständnis aufbringen, bei aller sonstigen Rücksicht und vielfachem Entgegenkommens wie etwa bei morgendlichen Verspätungen oder kurzfristigem Freinehmen.

Ist es die Gesellschaftsstruktur hier, die alles so stressig macht? Was kann Familie eigentlich überhaupt leisten beim Projekt "Beruf und Familie: alles vereinbar"? Wird sie nicht allein gelassen vom Staat? Es gibt kein stimmiges politisches Gesamtkonzept, obwohl es laut Studien eine der zentralen Herausforderungen der Beschäftigungs- und Sozialpolitik in Europa ist. Vielleicht ist es in Deutschland auch deshalb kein Kernthema, weil die Vereinbarkeit von Familie und Beruf letztendlich die Voraussetzung schaffen würde zu einer Neubewertung der Mutterrolle und eine tatsächliche Gleichstellung von Mann und Frau zur Folge hätte …

Anstatt dass Familien sinnvoll mit staatlich geförderten Ganztagsangeboten für Kinder unterstützt werden und somit beiden Partnern eine zufriedenstellende Berufssituation ermöglicht wird, sehen sich immer mehr junge Frauen zu der glasklaren Entscheidung gegen Kinder gezwungen, da eine Karriere sonst nicht möglich ist. Absolut nachvollziehbar, aber leider auch das Ende des Generationenvertrags, der Sozialsysteme, nebenbei …. Die Geburtenrate ist in Deutschland mit 1,4% um die Hälfte gesunken in den letzten 50 Jahren und die niedrigste in der EU.

In dieser zweifellos prekären Situation neigt die deutsche Frau paradoxerweise dazu, noch eines draufzusetzen, sie möchte unter schwierigsten Bedingungen unbedingt noch die omnipotente Wonder Woman sein - ist das tragisch zwangsläufig oder selbstverbrochen, dieses: „Ich mache das schon"? Drücken sich die Männer wirklich oder ist es nicht manchmal so, dass sich die Frauen vordrängeln? Weil ihnen das angeboren ist?

Wir meinen eher, dass die "normal" doppelbelasteten Frauen mit Kindern, die also Teilzeit berufstätig sind oder auch geregelte Ganztagsstellen mit einer gewissen Flexibilität haben, sich einem Rollenmodell fügen, das jeden überfordern würde: Perfekte Mutter, perfekter Haushalt, perfektes Familienleben.

Das ist alles nicht zu fassen. Warum ist das so? Wie kann es sein, dass Millionen erwachsener Frauen in dieser typisch deutschen "Du bist die beste"-Rolle feststecken? Sind es nicht vielleicht die Frauen selbst, die sich unter das Verdikt stellen, keine "gute Hausfrau" zu sein, zum Beispiel wenn nicht alles picobello ist bei unerwartetem Besuch? So wie sie das Label "Rabenmutter" genauso für sich selbst fürchten, wie sie dazu bereit sind, es anderen Frauen zu verpassen?

Schon dieses Wort, wiederum typisch deutsch. Typisch deutsch ist auch die diesem Begriff zugrundeliegende kulturell verankerte Ansicht, dass das vielbeschworene Kindeswohl von der Quantität der Betreuung und Erziehung durch die eigene Mutter abhängt: Je mehr, desto besser – und andersherum natürlich!

Ausgebildete Erziehungsfachleute – Frauen wie Männer – werden als "Fremdbetreuung" disqualifiziert, und ungezählte Eltern mischen sich heute als Oberaufseher in die Arbeit von Krippen, Kitas und Kindergärten ein und schauen den Fachleuten, die dort arbeiten, in einer Weise auf die Finger, die man nur noch als Misstrauen a priori bezeichnen kann. Welche Berufsgruppe sonst ließe sich das gefallen?

In diesem Zusammenhang sei nur auf diese uns allen bekannten Frauen am Arbeitsplatz verwiesen, vor vermeintlicher Bekümmerung schiefmäulige Kolleginnen, die angesichts einer Vorgesetzten, die sechs Wochen nach Entbindung wieder Vollzeit auftaucht (was? sooo schnell??), in die Runde fragen: "Also das verstehe ich nicht. Wieso bekommt die überhaupt Kinder, wenn sie sich nicht um sie kümmert?"

Automatisch wird die externe Kinderbetreuung als "schlecht" abgestempelt, wie kann Frau nur, wie lieblos!

Dem bürgerlichen Familienideal vergangener Zeiten entsprechend, herrscht hierzulande die Meinung, dass vor allem Vorschulkinder, aber eigentlich alle Kinder, unter einer Berufstätigkeit der Mutter leiden: Negativ konnotierte Begriffe wie „böse Rabenmütter“ und „arme Schlüsselkinder“ geistern noch immer im Vokabular so manch gemütlicher Frauenrunde herum.

Würden solche stutenbissige und besserwisserische Frauen jeden Alters, die ihre Geschlechtsgenossinnen so derbe kritisieren und insgeheim höchst konservativ und gegen jede Lockerung rigider Geschlechterrollen sind, tatsächlich das Bügeln und Wäschezusammenlegen und Bad- und Kloputzen ihren Männern überlassen, auch wenn diese es explizit machen wollten?

Aber dann „unglücklich“ sein!

Es gibt natürlich ebensoviele Männer wie Frauen, die Wert darauf legen, dass es aufgeräumt und sauber ist. Aber bei der Frage, ob alles „richtig“ aufgeräumt und „richtig“ sauber ist, scheiden sich die Geister.

Die Meinungen der Männer dazu sind eindeutig: Nie machen sie es gut genug, dauernd wird genörgelt und Leistung verlangt im Sinne von "wenn schon, denn schon, richtig machen". Als Messlatte gilt nicht "einigermaßen, geht schon", sondern der Standard, den die Frauen selbst setzen, und der heißt "perfekt". Es muss perfekt sein, damit die deutsche Frau zufrieden ist: Der Duschvorhang gehört nach dem Duschen gerade gezogen, weil er sonst nicht richtig trocknet. Die T-Shirts in der Schublade sollen Kante auf Kante liegen, und nicht irgendwie und im Durcheinander mit Hemden, die aufgehängt gehören. Die Socken sind passend zum Zweierpack gerollt, im Wohnzimmer wird auch unterm Tisch gesaugt, die Küche wird gewischt, nicht nur gefegt – die Sofakissen bleiben nicht in die Ritzen gequetscht, sondern werden aufgeschüttelt, nach dem Wandern werden die Schuhe gebürstet, und zwar richtig! Und und und.

Diese Liste ließe sich seitenlang weiterführen, und sie macht richtig schlechte Laune. Fast möchten wir die Haushaltsmuffel in Schutz nehmen, denen das alles nicht so wichtig ist, die Schmutz und Chaos nicht bemerken oder die es nicht so stört.

Hat Hausarbeit nur so einen geringen Stellenwert bei Männern, weil die vielleicht „vernunftbegabter" sind, pragmatischer, und Putzen einfach zu blöd finden? Vielleicht, weil es keinen Sinn macht z.B. Staub zu wischen an einer Stelle, die sowieso keiner sieht, folglich der Unterschied nicht bemerkt wird, vor allem, wenn es bald wieder staubt? Wozu dann der Aufwand?

Silber läuft an? Na und! Nehme ich halt das andere Besteck, das da im Picknickkorb rumliegt und nie benutzt wird.

Wird deswegen so gerne delegiert, an jemand anderen, im ungünstigsten Falle eben die Partnerin, oder ist das Problem eher, dass Männer erwarten, dass Frauen sich schon drum kümmern. Das Problem also aussitzen, statt auszuputzen.

Oder erst selbst zur Tat schreiten, wenn die absolute Schmerzgrenze erreicht ist?

(Wo sind eigentlich die Kinder im Haushalt, spielen die lieben Kleinen gar keine Rolle mehr, weil sie zu beschäftigt sind mit der blöden G8 oder ausgebucht mit diversen Freizeitzerstreuungen?)

Die Crew fällt also aus, und Frau macht, aus Gewohnheit oder aus Zwang, es schneller und besser zu können und überhaupt – Stichwort: perfekt!

Und wir fragen: Frau, warum tust du das? Lass alles liegen, und wenn der Schlafanzug heute Abend nicht gebügelt ist, dann mach dir keine Sorgen: Noch ist kein Kind umgekommen, weil es mal in T-Shirt und Socken schläft. Ach, darum geht es nicht? Es geht um dein gute-Mutter-Sein?

Wir fragen uns, welche Maßstäbe da angelegt werden, welches Selbstbild Frauen pflegen und warum sie nicht erkennen, dass die schärfsten ihrer Kritiker die Frauen selbst sind: Die anderen Frauen (siehe oben). Es wird Zeit für eine Emanzipation der Frauen von den anderen Frauen! Dieser Druck, den Frauen gegenseitig ausüben, homo hominis lupa, frei nach Plautus/Hobbes.

Statt Verständnis füreinander zu zeigen und sich untereinander zu unterstützen, praktizieren sie das genaue Gegenteil: Die angebliche Frauen-Solidarnosc and Sisterhood dreht dir genüsslich das Messer im Rücken um und streut noch extra Salz in die Wunde …

Du wirst sozial geächtet, wenn du zitierte „Rabenmutter“ bist – und unter diese Kategorie zu fallen, kann verdammt schnell gehen; schon wenn du nicht mit zum St.-Martin-Zug gehst oder dein Kind vor den Fernseher setzt, weil du ein wichtiges Telefonat führen musst, oder du immer die Letzte bist, die ihr Kleines aus der Kita abholt.

Wenn allerdings Papi in wichtigen Momenten nicht zur Stelle ist oder gar zu einem dieser anachronistischen Struwwelpeter-Väter mit imaginärer Pickelhaube mutiert, dann heißt es nicht "Rabenvater", sondern: "Eine gewisse Strenge ist gar nicht so schlecht, nun ja, konservativ, aber man will ja auch gewisse Werte vermitteln …" Und Mami selbst rackert sich weiter ab: post-autoritär, zeitgemäß, perfekt.

Aha.

Heute ist die soziale Kontrolle genauso wirksam und vielleicht noch härter als in den 1960er-Jahren, wo Mutti „die Beste" war und zu Hause alles in „geordneten Bahnen" verlief. Gegenwärtig setzen sich berufstätige Mütter einer Leistungsschau aus, die nicht mehr zu überbieten ist: Zuhause sich selbst und ihren Ansprüchen, im Beruf, auf dem Spielplatz, beim Einkaufen, im Freundeskreis vor allem den anderen Frauen.

Immer scheint es bei Haushaltsführung und Familienmanagement um Konkurrenz zu gehen, ein Wettkampf um die Trophäe: Die kriegen das am besten hin! Nichts scheint manch deutscher Frau peinlicher zu sein, als Gäste in einer Wohnung zu empfangen, die nicht aufgeräumt ist. Den eingeladenen Männern würde das bestimmt nicht auffallen, und wenn schon – sie nähmen es locker (siehe oben). Aber die super-kiebigen Weibsbilder, ihre FREUNDINNEN, die wie Hyänen lauern, alles abchecken, abtaxieren, abspeichern!! Also wird kurz vor Eintreffen der Gäste noch herumgesaust und herumgewirbelt, alles aufgesammelt, was er hat liegen lassen, obwohl er doch versprochen hatte Ordnung zu machen. Dass sie ihm hinterher räumt, als sei er ein Kind und sie seine Mutti, das ist ihr nicht peinlich! Und ihm auch nicht. Er bemerkt es nämlich gar nicht.

Wunsch und Wirklichkeit

Wir wollen die überkommenen Eltern-und Geschlechterrollen nicht mehr, aber was ist es wirklich, das wir wollen?

Trotz der Pluralisierung der Familienformen, jeder möglichen Mischform, all der modernen Patchwork-Familien, der Dual-Career-Paare, der vielen Alleinerziehenden oder getrennt Lebenden, der real existierenden neuen Männer/Väter, die mit der reinen Ernährerrolle unzufrieden sind und sich ihrerseits mehr Zeit für Partnerin oder Familie wünschen, sind die alten Rollenmuster bei beiden Geschlechtern nur schwer zu überwinden.

Warum sonst landen wir, die End-Emanzipierten, die wir uns für so anders halten, letztendlich doch in den altgewohnten festgefahrenen Strukturen?

Denn bei aller Progression und Improvisationsfreude verfällt man in bekannt-bewährte Schemata. Das traditionelle bürgerliche Modell, die sogenannte Hausfrauenehe mit Vater als Alleinverdiener, wird in Paarfamilien mit Kindern zwar auch heute noch gelebt, überwiegend herrscht jedoch inzwischen das Vollzeit-Teilzeit-Modell, das sich vom Rollenverständnis nur graduell unterscheidet: Vater ist Hauptversorger und Mutter in Teilzeit, was die gute alte Hausfrau impliziert. Er macht die Kohle, sie den Rest (und trägt noch ein bisschen Geld bei). Dieses Modell herrscht in 70% der bundesdeutschen Haushalte, in denen beide Elternteile berufstätig sind. Mama tritt also beruflich kürzer, wobei Teilzeit in diesen Fällen 19 Wochenstunden höchstens sind, die natürlich mit den Betreuungszeiten synchron laufen müssen. Oft landen Frauen im Niedriglohnsektor ohne große Aufstiegschancen, den guten Posten mit dem fetten Gehalt hat ja hoffentlich der Mann. Sie verzichtet auf eine Karriere bis hin zur Berufsaufgabe, um Haushalt und Kinder zu versorgen.

Bei den Männern besteht durchaus auch der Wunsch nach einer Abkehr von der traditionellen Rolle, doch fehlende Teilzeitstellen für höhere Positionen und die Präsenzpflicht auf den meisten Arbeitsplätzen machen die Sache nicht gerade leicht. Rücksicht auf die familiären Bedürfnisse ihrer Angestellten zählt nicht zur obersten Priorität der Arbeitgeber, spielt jedoch inzwischen bei Berufseinsteigern der heute um die Dreißigjährigen schon bei Einstellungsgesprächen eine immer größere Rolle.

Hat der Mann in der Anfangseuphorie im gemeinsamen Haushalt noch verschärft mitgeholfen, verfliegt dieser Ansatz ungefähr ein Jahr nach der Geburt des ersten Kindes – dann ist die traditionelle geschlechtsspezifische Arbeitsteilung in vielen Familien wieder vollzogen. Studien zeigen, dass selbst bei zuvor weitgehend egalitärem Rollenverständnis beider Partner bei Familiengründung eine Retraditionalisierung stattfindet. So bleibt trotz anderer Absichten alles mehr oder weniger beim Alten.

Das führt zu Frust und Unzufriedenheit. Nicht nur die Entlohnung von Teilzeitjobs ist mäßig, auch das Image lässt zu wünschen übrig – und die Folgen für die Frauen sind bekannt: Nörgelrisiko, Scheidungsrisiko, Armutsrisiko.

Oft kassiert das halbe Hausmütterchen noch Spott und Hohn ("sie hat ja sooo viel zu tun, die Arme, vier Stündchen vormittags hart arbeiten und dann den ganzen Tag daheim Unterhosen sortieren und

den Vorgarten in Schuss halten")-, wie auch umgekehrt der Elternzeit-Hausmann ("na, junger Mann, keine Arbeit gefunden?"). Ganz zu
schweigen von der klassischen Hausfrau oder dem nicht ganz so verbreiteten echten Hausmann. Er am wenigsten traut sich zuzugeben,
dass er damit ganz zufrieden ist, er seine Frau ideal ergänzt und sich
gut versorgt fühlt. Dieses Modell favorisieren vor allem die Frauen
auch selbst nicht.

Wer will jetzt eigentlich was? Warum kann man sich nicht
einigen? Was erwarten Frauen und Männer überhaupt voneinander?

In der erwähnten Allensbachstudie sind 78% der befragten Männer der Meinung, dass von ihnen erwartet wird, sich viel um ihre Kinder zu kümmern, gleichzeitig aber auch für den Unterhalt der Familie
zu sorgen und Erfolg im Beruf anzustreben. 63% meinen noch, sie
sollten viele Aufgaben in Haushalt und Familie übernehmen, aber nur
35% glauben, dass Frauen von ihnen die Bereitschaft erwarten, zu
Hause zu bleiben.

Hier zeigt sich, dass auch Männer einen Spagat ausführen
müssten, wenn sie die Erwartungen erfüllen wollten: sich viel um die
Kinder kümmern und gleichzeitig für den Familienunterhalt sorgen?
Ein offensichtlicher Gegensatz.

Tatsächlich erwarten Frauen in der Mehrheit, dass der Mann
genügend Geld verdient und ihm logischerweise Erfolg im Beruf sehr
wichtig ist. Daher soll er auch nicht wirklich beruflich zurückstecken,
wenn Kinder da sind, oder gar zu Hause bleiben. Ein bisschen vielleicht, so wie sie es ja tun: Elternzeit zwei Monate, und dann wieder
voll einsteigen! Mit dem Papa-Bonus, aber ohne wirkliche Schrammen. Und dann soll er bitte auch viele Aufgaben in Haushalt und Familie übernehmen, und seine Softskills sollten ausgebildet sein: gerne

und viel über Probleme und Gefühle reden, Empathie zeigen, vieles zusammen machen etc.

Als wichtigsten Punkt überhaupt für eine gute Partnerschaft geben Männer wie Frauen an mit: "sich aufeinander verlassen können" (Frauen 94%, Männer 87%) und "sich gegenseitig unterstützen und bei Problemen helfen" (Frauen 74%, Männer 68%). Die Erwartung jedoch, dass die Hausarbeit gemeinsam erledigt und entsprechend aufgeteilt wird, diese Erwartung aneinander rangiert erstaunlicherweise weit abgeschlagen: nur etwa jede vierte Frau findet dies für eine gute Partnerschaft wichtig, und nur jeder sechste Mann.

Wie bitte? Wie passt das zusammen? Sollten nicht gerade in der Haushaltsführung „Verlässlichkeit und Hilfsbereitschaft" Kardinaltugenden sein? Und wenn die von der Mehrheit als eher unwichtig eingestuft wird, dann ist das bestimmt kein Thema, über das offen und rechtzeitig Klartext geredet wird. Also dass der Mann sagt: Pass mal auf, Kinder gerne, aber ich kann beruflich nicht zurückstecken. Oder die Frau: Ich wünsch mir Kinder und dass du dann beruflich kürzer trittst ...

Solche Dinge werden in der Phase von Verliebtheit nicht ausgehandelt, und offensichtlich auch in der akuten Phase, wenn es ansteht, nicht klargestellt. Viele Frauen verlassen sich darauf, dass Väter heute ja so ganz anders sind als ihre eigenen Väter (die aber immerhin auch schon die Babyboomer sind und die wilden Emanzenjahre in den Siebzigern durchlaufen hatten!), und viele wollen dann doch nicht so ganz anders sein als ihre Mütter, nicht so wirklich ganz anders. Nur ein bisschen. So die Vision:

Ein bisschen Teilzeit. Und wenn Vollzeit, dann vielleicht doch flexibel und geregelt, dann bin ich trotzdem die beste Mutter und Hausfrau der Welt … Und das schönste überhaupt wäre ja der gut verdienende Vollzeitmann, der mir so nach drei bis fünf Jahren dann auch ermöglicht, meinen Traum vom Selbständig-Sein zu verwirklichen, kleinen Laden haben oder so, dann bin ich immer zu Hause und verdien was dazu und teile mir alles schön so ein, wie es am besten ist: schließlich brauchen mich die Kinder ja.

Soviel zu den Erwartungen und Wünschen, die Realität sieht anders aus. Männer wollen zwar kein Heimchen am Herd, aber sie erwarten, dass zu Hause alles funktioniert, nicht nur die physische Hausarbeit, sondern die gesamte häuslich-soziale Verantwortung wird der Partnerin/Mutter übertragen: „Du, ich hetze von Meeting zu Meeting, ich hab den Kopf so voll, ich kann mir nicht auch noch merken, wann meine Mutter Geburtstag hat." (Überspitzt ausgedrückt, aber nicht erfunden.)

Frauen als Partnerin sollen nicht nur schön sein - dabei aber nicht überschminkt -, klug, sportlich, beruflich erfolgreich – aber nicht mit dem Beruf verheiratet -, sondern auch fürsorglich, hilfsbereit und zärtlich. Eine gute Mutter und ökonomische Hauswirtschafterin, ohne sich zu sehr auf den Herd zu fokussieren und dahinter zu verkommen. Hausdame aber kein Hausdrachen, keine Heulsuse aber auch keine Eiskönigin, Privat-Assistentin im Event-Management, stets charmant, dabei aber viel leistend: Die dynamische Powerfrau, die ihre Power allerdings gezielt einzusetzen hat, bevorzugt dann, wenn es den Interessen des Partners dient.

Das Heimchen per se mag zwar out sein, andererseits sehen viele Männer Frauen auf dem Arbeitsmarkt ganz pragmatisch als Konkurrenz. Frauen in den Chefetagen … da wird die Luft eng, wenn mehr Bewerber auf weniger Arbeitsplätze kommen. Das wiederum hat Lohndumping zur Folge, Preisdrücken. Schlecht für uns, gut für die Wirtschaft.

Und die Teilzeitfrau? Die paar Kröten, die sie verdient, gehen meist ohnehin drauf für Kinderbetreuung, die sie organisieren und bezahlen muss, damit sie überhaupt arbeiten gehen kann. Unter Umständen kann sie das Geld hierfür von der Steuer absetzen, in der Regel jedoch zahlt sie aus eigener Tasche, was in Frankreich, wie bereits erwähnt, staatlich gefördert und bezuschusst wird: Kinderbetreuung nach Wahl, von der Krippe bis zur Tagesmutter. Was die staatliche Förderung angeht, haben wir ja in Deutschland das Ehegatten-Splitting. Da lohnt es sich doch fast gar nicht zu arbeiten, und dann braucht man ja auch keine Betreuung (und bekommt neuerdings sogar diese kleine, als „Herdprämie" verschriene Belohnung, das "Betreuungsgeld").

Frau-Sein ist also nicht einfach. Mann-Sein aber auch nicht.

Frauen erwarten ebenfalls viel: Sie wollen einen engagierten Partner, männlich, souverän, aber nicht zu dominant. Sie suchen den liebe- und verständnisvollen Vater der potentiellen Kinder, aber kein dauer-betroffenes, strickendes Weichei, das Dinkelkekse backt. Sie wollen einen, der ihre Umzüge macht und dabei als Ritter glänzt, anstatt sich zum Packesel zu erniedrigen, einen, der nicht nur häuslich, sondern auch sexy ist, einen, der nett und empfindsam, aber nicht zu lieb ist, weil „liebe" Männer in der Regel höchstens als gute Freunde taugen. Sie haben ihn satt, den Meisterkoch, den „isch weiß, wo dein Topf wohnt", aber sie wollen auch keinen flambierten, gegrillten, oder irgendwie frittierten Mann. Sie wollen die berühmte eierlegende Wollmilchsau – good luck, Man!

Und der lauthals proklamierte „neue“ Mann müht sich redlich - und macht gezwungenermaßen Männchen: Es reicht nicht mehr, die Beute, sprich: das monatliche Salär, nach Hause zu schleppen, nein, man muss auch noch cool sein und mehr Zeit für die Familie haben, was okay ist, sich erfahrungsgemäß jedoch nur auf ein kurzes Intermezzo beschränkt (siehe Elternzeit). Zu der modernen Inszenierung gehört auch, dass man nicht nur Anteil am Kinderleben hat, sondern die Seinen auch noch kulinarisch beglückt, weil das hip ist und charmant. Also wird gekocht. Ist das nicht genug? Soll er da etwa auch noch die Bettwäsche wechseln oder den Fussboden wischen?

Und will Frau das auch wirklich, einen veritablen Hausmann, mit allen Konsequenzen? Oder behauptet sie das nur, weil das im Trend liegt – denn wenn es wirklich so wäre, hätte sich nicht schon längst das männliche Rollenbild respektive Selbstverständnis verändert? Oder das weibliche?

Haben wir da etwas falsch eingeschätzt?

Wollen Frauen wirklich die monetäre Hauptverantwortung übernehmen? Ist es nicht oft so, dass die Frau mit ihrem „neuen“ Mann weiterhin das „alte“ Verhalten lebt, in ihm den Versorger sieht, letztlich wieder nur den Held des Geldes, das Alphatier, den erfolgreichen Killer, der draußen agiert und ihr die Möglichkeit gibt, sich wohlig zu suhlen im Lamento über die verpasste Karriere?

Und – die Frage muss erlaubt sein - hätte sie wirklich Karriere gemacht, im Beruf, in der Wildnis? Oder ist das nur ein komfortabler Vorwand nach dem Motto: Mir bleibt ja immer noch die Familiengründung – last exit Kinder -, wenn's nicht klappt im Job, wird's der Mann schon richten … Feierabend. (Dieses „klassische Frauenleben“ ist allerdings kein gängiges Orientierungsmuster, siehe Geburtenraten.)

Und was soll das überhaupt mit der „Karriere"?

Warum heißt es denn immer Kind UND Karriere, warum nicht einfach Kind und irgendein Job? Heute sollte die Quoten-Alibi-Frau mindestens erst einmal Karriere gemacht haben, am besten in einer Männerdomäne, dann kann sie sich ins Privatleben zurückziehen und/oder Teilzeit arbeiten. Sie hat ja allen gezeigt, dass sie`s kann, und mutiert nun zum Frauchen, zu schwach zum Tragen und Beladen vom VW Bus oder Sprinter - aber im SUV sitzen -, und nur noch mit häuslich-hässlichem saisonalem Umräumen und Dazukaufen beschäftigt, während ihre geistigen Ressourcen am Schnellkochtopf allmählich verdampfen.

Allzugerne lassen sich Frauen in die Arme von Mr. Right oder Mr. Big fallen, Fakt ist, dass Frauen sich selten „nach unten" orientieren (auch dazu gibt es Studien).

Ist es nicht allemal bequemer, sich in die kommoden Luxusnischen von Eigenheim und Brutpflege zu begeben und eventuell ein Kind nach dem anderen zu generieren und so immer eine schöne Ausrede zu haben, um dem Haifischbecken Arbeits(wett)kampf zu entgehen? Das neue Biedermeier als Alibi für den harten Dschungel-Berufsalltag?

Und um jetzt selbst so richtig schön stutenbissig zu sein, fragen wir ganz böse: Ist es nicht vielleicht sogar besser, dass die zu Hause bleiben und nicht mehr in ihrem Job arbeiten und auf uns losgelassen werden, wenn man sie so beobachtet, die frustrierten Karriere-Verzichterinnen, an den Elternabenden, wo sie in der Regel mindestens Vorstand oder Schrift- oder zumindest immer Wortführerin sind, sichtlich unausgelastet alles an sich reißen … Da ist man doch froh, dass man denen im professionellen Umfeld entgeht und ihnen nicht – sagen wir mal - auf dem OP-Tisch in die Finger gerät. Sollen sie sich lieber an der Organisation der Kostüme zum Kastanienfest austoben als an unserem Kniegelenk …

Jedenfalls ist alles noch komplizierter geworden, seitdem Männer die besseren Frauen sind und umgekehrt.

Mit dem Einzug des Mannes in die Küche, der vermeintlich letzten weiblichen Bastion, wird die Genderdebatte gewissermaßen ad absurdum geführt. Es werden die Zutaten gemischt – die neuen Männer sind die besseren Mütter, die toughen Frauen sind die besseren Männer. Kochende Männer sind sexy und nichtkochende Karrierefrauen sind es auch. Kochende Karrieremänner sind unsexy und kochende Hausfrauen auch. Usw … Ein Thema mit vielen Variationen.

Zu vielen offensichtlich, denn Desillusionierung in den Partnerschaften gibt es trotzdem, komischerweise, und das Ergebnis ist immer das gleiche: Die Männer wie die Frauen fühlen sich überfordert. Schlechte Laune bis Depression macht sich breit, trotz aller Befreiung und Rollenverteilung und Emanzipation.

Denn entgegen allen Erwartungen haben die neuen Mischformen nicht zu einer Verringerung der Arbeitszeit und entsprechendem Anwachsen der Freizeit geführt, im Gegenteil. Heute stellt eine Familie dem Arbeitsmarkt im Durchschnitt deutlich mehr Stunden Arbeitszeit zur Verfügung als sie es vor über hundert Jahren tat, und das Lebensgefühl hält sich dabei in Grenzen …

Die längeren oder „gefühlt" längeren Arbeitszeiten führen in der gegenwärtigen Ausrichtung der Gesellschaft eher zu verstärktem Konsum statt zu verstärktem Familienglück, so sieht's aus.

Erst haben sich die Frauen emanzipiert, und dann haben sich auch noch die Männer emanzipiert vom reinen Familienernährer zum Freizeit-Heilsbringer mit Kindern und Kochen. Und wenn jetzt die proklamierten neuen Männer und Väter jammern unter dem Druck oder der Erwartungshaltung, dass sie mehr im Haushalt und für die Familie leisten müssten, ist das nur folgerichtig.

Denn jetzt können sie endlich mal verstehen, womit sich die Frauen und Mütter seit der Emanzipation herumschlagen. Die Emanzipation hat bei den Frauen zur Doppelbeschäftigung geführt, ohne dass eine Lösung zur ausgeglichenen Aufteilung aller anfallenden Arbeiten in Sicht wäre.

Und sobald Frauen ein entsprechendes Gleichgewicht fordern, werden die Männer bockig.

Plötzlich reicht es ihnen. Sie finden, mit der Emanzipation sei es jetzt eigentlich mal genug, basta, sie machen doch schon alles, was können sie denn noch tun, wieviel soll ihnen denn noch zugemutet werden. Fast zwei Drittel der befragten Männer in der erwähnten Allensbachstudie sind dieser Auffassung, und mehr als jeder vierte Mann findet sogar, es sei „schon übertrieben". Und die Frauen? 45% sind der gegenteiligen Ansicht: Gleichberechtigung noch nicht erreicht. Und: Männer haben es besser im Leben. Leichter auf jeden Fall.

Deshalb stellt sich die Frage, auf wessen Rücken die Emanzipation eigentlich ausgetragen wird. Sind nicht die Frauen im Grunde die Verlierer? Weil die Arbeitsteilung meist zu ihrem Nachteil ist, weil sie belastbarer sind als Männer, wie es so oft heißt –„die würde noch ihre beiden Kinder auf dem Rücken quer durch Sibirien schleppen und alle sieben Weltmeere durchpflügen während der Hypochonder mit Schnupfen im Bett liegt". Oder weil einfach alles an ihnen hängenbleibt?

Es gibt natürlich auch Frauen, die nicht darüber nachdenken, ob sie gleichberechtigt oder gar gleichgestellt sind oder ob sie unterdrückt werden, weil sie sich an ihre Rolle gewöhnt haben, weil es gut so ist. Wozu da schlafende Hunde wecken, wenn man sich in seinem Leben eingerichtet hat.

Scheitert die Gleichstellung etwa an biologischer Determiniertheit, können ein paar Jahre Frauenpower versus zwei Millionen Jahre Geschlechtertrennung und klassischer Rollenverteilung einfach nicht genug ausrichten? Hat nicht der türkische Ministerpräsident Erdogan kürzlich diese steile These aufgestellt, dass man Frauen nicht in die gleiche Position wie einen Mann bringen könne, weil das „der Natur" widerspräche?

Liegt es vielleicht auch in „der Natur" der Männer, dass sie stets die Gewinner sind, wieder mal, und letztlich von der Emanzipation mehr profitieren als die Frauen selbst. Weil diese mit ihren Ansprüchen weit übers Ziel hinausgeschossen sind, respektive sich selbst ins Knie schießen?

Die neueste Steigerung der Emanzipation ist das Social Freezing, die vermeintliche ultimative Selbstbestimmung der Frau, denn jetzt liegt die Familienplanung ganz allein in ihrer Hand (oder vielmehr in ihrem Kühlfach), toll.

Doch wie perfide ist das denn? Da wird der Frau totale Entscheidungsfreiheit suggeriert, doch letztlich erhöht das nur noch den Druck, verkehrt sich ins Gegenteil, wenn einmal mehr die alleinige Verantwortung bei der Frau liegt. Da können die maßgeblichen (Männer)Mogule mit ihren Giga-Firmen, die dieses Projekt so großzügig und scheinbar uneigennützig propagieren, noch so elegant soufflieren, dass Social Freezing der Befreiung der Frau diene (ganz abgesehen davon, dass diese Aktion ein hohes gesundheitliches Risiko birgt, das Konservieren der Eizellen garantiert keineswegs die Geburt eines gesunden Kindes.) Letztlich ist das nur ein weiterer Zwang, denn verweigert sie sich dem tollen Angebot, setzt sie sich dem Verdacht aus, ungeplant schwanger werden zu wollen, ist also ein Geschäftsrisiko und somit out of discussion. Den Job kriegt – oder behält- dann eine andere.

Emanzipation ist anstrengend. Sie kann zu einem Schaulaufen der zu hoch angelegten Maßstäbe führen, Frauen müssen zur Pflicht auch noch die Kür liefern. Nicht nur die Kinder und/oder Job und/oder Haushalt beanspruchen Aufwand und fordern vollen Einsatz, auch das Ich, man selbst verdient ein bisschen Zuwendung und Zeit. Das eigene Körperchen will geliebt und gehegt werden, sonst klappt Frau zusammen, dreht durch oder wird so unglücklich, wie dies ja angeblich bei jeder zitierten Vierten der Fall sein soll.(Womöglich noch unglücklicher wäre sie, oder zumindest zu ihrem Unglück beitragen könnte eventuell die Studie von Renske Keizer vom demographischen Institut NIDI, Den Haag, die besagt, dass Männer ohne Kinder glücklicher sind als all die glücklichen Papis: *kinderloze mannen gelukkiger dan vaders.*)

Aber kommen wir zu etwas Erfreulicherem. Das Positive an dem "Mann-Frau-Wer-macht-was?"-Drama ist, dass es nicht einfach Schwarz oder Weiß, Gut oder Böse gibt, sondern die enorme Grauzone dazwischen, die eine große Auswahl bietet. Die unzähligen beschriebenen Modelle für Mann und Frau, die vielen Möglichkeiten, Rollen, die man nutzen oder erfüllen kann oder auch nicht - natürlich können sie verwirren. Doch sie stellen auch eine Chance dar, aus all den Puzzleteilchen genau diejenigen herauszupicken, die man selbst braucht. Und irgendwie aneinanderfügt, muss gar nicht perfekt passen. Schließlich sind wir noch Menschlein und Individuen. Und das ist doch mal wirklich tröstlich. Noch ist nichts verloren …

Fünfter Akt

„Applaus, Applaus"! Wir sind al punto …

… wenn wir uns endlich so akzeptieren, wie wir sind, nämlich hochgekocht, aber noch nicht recht gar. Als belastbare, aber nicht vollkommene Spezies, leicht unzulänglich, der man vielleicht noch ein wenig Zeit geben muss, sich „weiterzuentwickeln" und die sich nicht permanent überfordern sollte. Auch nicht mit Kochen. Oder mit Kochen-Contests im heimischen Ambiente.

… wenn wir uns eingestehen, dass es kein generell funktionierendes Familienmodell geben kann und auch kein allgemein gültiges Role Model für Männlein und Weiblein, sei es am Herd oder sonstwo.

Ein Wandel ist familial eingetreten und eine vielversprechende Wende im Rollenverständnis ist auch schon eingeläutet. Zwar noch nicht konsequent ausgelebt - das ist ausbaufähig -, aber die Weichen sind gestellt. Und wenn sich Veränderungen auch nur langsam einstellen, immerhin …

Denn wir haben gelernt: Frauen haben es nicht leicht, Männer aber auch nicht!

Geklotzt wird auf beiden Seiten und die Fragen „ Wer tut mehr? Wer ist überarbeiteter? Wer hat den schwärzeren Peter?" sollte man vielleicht anders verorten. Nicht so kategorisch, denn es gibt keinen Königsweg, jeder muss sein verbindliches oder absolutes Maß selbst suchen, die partnerschaftliche Schmerzensgrenze ausloten und idealerweise dadurch Auswege aus der zitierten Erschöpfung, aus dem Dilemma finden. Wenn man sich selbst und einander vertraut, sich einig ist, dräuen auch nicht diese ewige Scharmützel um: „Wer hat Recht, wer hat Unrecht?"

Leben und leben lassen, helfen und helfen lassen, und bei allem Ärger auch einfach mal geschehen lassen. Warum kein Durcheinander, solange es nicht nebeneinander oder gar gegeneinander, sondern miteinander ist? Das verdient Applaus, das ist die Hohe Kunst.

Die perfekte partnerschaftliche Organisation des Alltags oder Haushalts ist vielleicht utopisch, aber trotz aller Unbill: Die Zeit, die Frauen durchschnittlich in Hausarbeit investieren, ist kontinuierlich zurückgegangen, niemand muss mehr stundenlang am Bach oder am Waschbrett sitzen (während die Bereitschaft der Männer zur Hausarbeit zugenommen hat, aber die mussten ja noch nie Stunden am Bach oder Waschbrett vertrödeln). Doch wir wollen nicht mäkelig sein und diesen kleinen Fortschritt würdigen und uns über die gewonnene Freizeit freuen (die man für andere Verpflichtungen wie z. B. Soziale Medien dringend braucht).

Denn wir haben Möglichkeiten: die vielen flexiblen Arbeitszeitmodelle in Deutschland erlauben eigentlich jedem, eine gewisse Work-Life-Balance auszutarieren. Führungspositionen stehen Männern wie Frauen offen, Artikel 3 des Grundgesetzes garantiert die Gleichberechtigung der Geschlechter. Keiner Frau wird qua Geschlecht verweigert, sich auf die Karriereleiter zu begeben.

Aber:

Das tradierte und immer noch geltende Rollenverständnis der deutschen Frauen passt mit den Anforderungen an Führungspositionen im Beruf nicht zusammen. Dort sind primär Durchsetzungsvermögen, Wettbewerbsorientierung und Kompetenz gefragt, was auch von Frauen selbst als "typisch männlich" empfunden wird. Als

128

"typisch weiblich" dagegen gelten die sogenannten Soft Skills: Empathie zeigen, auf Harmonie bedacht sein, viel lächeln. Frauen, die diese Verhaltensweisen im Beruf nicht an die erste Stelle setzen, machen sich schnell unbeliebt – nicht nur die männlichen Kollegen empfinden sie als "unweiblich", und von da bis "unsympathisch" ist es nur noch ein kleiner Schritt. Wieviele Frauen haben tatsächlich die Lust und Unerschrockenheit und auch das Rückgrat, diesen Schritt sehenden Auges zu gehen? Es sind die wenigen, die tatsächlich auf den Spitzenjobs sitzen oder dahin möchten – unter lautem gesamtgesellschaftlichem Beifall, wie die Debatte um „die Quote" ja gezeigt hat.

Es kann durchaus klappen, es gibt vollzeitberufstätige Frauen, die mehr Wert auf ihren Erfolg im Beruf legen als auf Haushaltsinstandhaltung und die ihr Muttersein nicht in Frage stellen wegen ihrer Abwesenheit von Zuhause. Sie haben ein anderes Selbstbild. Sie haben sich wahrlich emanzipiert und lassen sich von den Nachreden, was ihre Frau- oder Männlichkeit betrifft, nicht davon abhalten, eine Karriere hinzulegen, die wirklich „neue Männer" dann auch mal dazu bringt, dieser Frau den Rücken frei zu halten und sich zu freuen über deren Erfolg. Wahrhaftige Hausmänner, die den Rollenwechsel gewagt haben, freuen sie sich auch über die viele freie Zeit, die ihnen der Haushalt und die doch größer werdenden Kinder lässt, und geben sich genüsslich ihren Hobbys hin.

So ein Fall im Bekanntenkreis, wo der Hausmann in all den Jahren mit Kindern und Haushalt zum Weinkenner geworden ist und einen exquisiten Online-Vertrieb aufgebaut hat, während seine Frau als Vorstandsfrau um die Welt fliegt. Wenn ihr Mann kocht – routiniert und bewährt –, fragt er seine Familie natürlich, ob's schmeckt. Und wenn dies nicht der Fall ist, soll ja vorkommen, ficht ihn das nicht an. Es ist ja auch nicht sein Hobby, über das er sich verwirklicht und „einbringen" will. Er kocht einfach. Für sein Hobby hat er morgen Zeit - wenn sie wieder auf Achse ist. Jetzt erstmal nach dem Essen schön mit einem Glas Rotwein gemeinsam entspannen.

Hier wird nicht um Mann- oder Frau-Sein gerangelt, bei der klassischen Rollenverteilung ist dies jedoch an der Tagesordnung, und Schauplatz ist vor allem die Küche.

Wenn Kinder zu bekochen sind, spielen sich hier wahre Psychodramen ab. Und wir fragen, warum Mütter ihr Selbstwertgefühl davon abhängig machen, ob der Dreijährigen das aufgetischte Essen schmeckt. Müssen sie wirklich an ihren Kochkünsten zweifeln, wie dies die Kolumnistin in der Zeitschrift *Eltern* beschreibt („Die Grünebergs" von Sabine Grüneberg, Dez. 2013): Ihre Kleine mag keinen Blumenkohl, sie möchte keine Kartoffeln, sie mäkelt, sie verweigert das mittägliche Mama-Essen. Und die Mama? Macht die Frauenrolle rückwärts: Was mach ich falsch? Was stimmt nicht mit mir? Woanders isst sie ALLES! Ergo: Ohnmachtsgefühle, Schuldgefühle und dazu noch Grimm auf den Papa, der weihnachtliches Showbacken macht und bei den Kindern natürlich alle Preise abräumt.

Wo sind wir hier? Im post-autoritären Mutti-Kind-Land? Wo Mütter zu Leibköchen werden und Sinnkrisen bekommen, wenn's dem Kind nicht schmeckt? Nach diesem Motto „Was mach ich falsch?" stehen sie also in der Küche und haben sogar mit den Kleinsten schon abgestimmt, was es geben darf – und trotzdem gibt es weiterhin die mittäglichen Dramen.

Gar nichts machst du falsch! Seit Kinder überhaupt gefragt werden, ob ihnen etwas schmeckt oder nicht, seitdem werden beim Essen oder Nicht-Essen Machtverhältnisse austariert. Wenn die Kleine keinen Blumenkohl mag und ihn stehen lässt, warum denn nicht? Es gibt nämlich nur zwei gute Gründe für ihre Mäkelei: Sie mag ihn wirklich nicht (verständlich), oder sie zeigt der Mama, dass sie selbst bestimmen will (auch verständlich). Für beide Fälle jedoch gibt es die alte bewährte Regel: „wenigstens probieren". Und zwar jedes Mal wieder. Nicht aufhören Blumenkohl aufzutischen, sondern gelassen abwarten. Keine Predigten halten, keine Sanktionen von wegen „kein Nachtisch" und vor allem nicht: Ersatz kochen. Dann eben an Kartoffeln sattessen. Schmecken auch nicht? Hier könnte die gelassene Köchin sagen: „Wie schade, mir schmecken sie richtig gut." Und weiteressen.

Stattdessen die frustrierte Frau am Herd, die findet, dass Kinder essen MÜSSEN - aber nur das natürlich, was ihnen schmeckt, sie sollen ja zu nichts gezwungen werden und womöglich dann böse auf die böse Mama sein. Also wird erstmal erklärt, warum was gesund und gut ist, und wenn das nichts nützt, wird gefragt: Was möchtest du denn stattdessen? Und schon geht die altbekannte Rangelei los ...

Kennt das jemand, das ganz große Essensdrama in einer Tischrunde mit fünf Erwachsenen und einer Dreijährigen am Esstisch? Alles dreht sich um sie und was sie mag und nicht, ob sie es kleingeschnitten oder ganzgelassen oder wärmer oder mit Eis oder aus Tasse oder Schüsselchen möchte, ob jetzt oder am Schluss oder gar nicht, ob sie das vom Nachbarteller lieber will oder vielleicht doch etwas ganz anderes – es gibt kein Entrinnen. Versuche, ein Erwachsenengespräch über das alles hinweg zu führen, werden torpediert durch Essen, das untern Tisch fällt oder in der Hand zermantscht oder ausgespuckt wird, und wenn doch mal Stille herrscht zwischen Mutter und Kind, weil dieses nach Kauen tatsächlich schluckt, fängt das Töchterchen vorm nächsten Bissen lauthals an zu singen, damit alle ihm zuhören und dann klatschen. Das hat es in der Kita gelernt: Wenn einer singt, müssen alle anderen das ganz toll finden und sofort mitsingen oder wenigstens zuhören, sich aber nicht unterhalten und vor allem nicht weggucken. Der Mittelpunkt – c'est moi! So ist das mit den Kindern, die sich oftmals sogar das Essen der Woche selbst aussuchen dürfen - und dann mögen sie es trotzdem nicht, wenn es auf dem Tisch steht... Sie bekommen jede Menge Aufmerksamkeit, aber keinen wirklichen Ärger, denn Mama ist vielleicht wütend, es ist aber eine Wut auf sich selbst: WARUM schmeckt es ihnen nicht? BIN ICH KEINE GUTE MUTTER?

Und dann gibt es noch die böse Nachbarin, bei der die Tochter gastweise zu Mittag gegessen hat, die der Mutter bei nächster Gelegenheit unter die Nase reibt, dass die Kleine „gleich zweimal nachgenommen hat", von der selbstgemachten Lasagne!

Das kann natürlich wehtun! Die Grüneberg-Mama empfindet so etwas als „Schlag in die Grube des mütterlichen Magens". Die mütterliche Magengrube? Wir vermuten, dort hockt die innere Extra-Mama, die ihr tägliches Extra-Lob fordert. Und zwar von den Kindern selbst, für die sie schließlich kocht. Als hätte auch sie in der Kita gelernt, dass jeder kleine Mensch für kleinste Kunststücke mit Dauerapplaus belohnt gehört.

Nun, diese Selbstzweifel, was Kochkünste betrifft und „richtiges Papa-Sein", kennt der Mann nicht, und den heulen auch die Kinder nicht voll, weil er sich gar nicht darauf einlassen würde. Das macht Männer ja auch oft so unwiderstehlich – und geeigneter für Führungsjobs sowieso: Teflonmentalität, die jede Kritik abprallen lässt, ich bin der Boss. Hinsetzen! Essen! Deshalb kann er sich an den Herd stellen und bravourös zaubern, und allen hat es zu schmecken!

Wir Frauen – seien wir nun geplagt von Selbstzweifeln oder auch gestärkt durch jahre- und jahrzehntelanges Kochen ohne große Schäden - , die wir das Stehen am Herd nur an höchsten Privat-Feiertagen zur eigenen Belustigung zelebrieren und es dadurch natürlich im täglichen nicht erträglicher machen, könnten uns einiges abgucken von unseren Hobbyköchen. Als erstes gucken wir uns die Sache mit dem fehlenden Selbstzweifel ab: Wenn Männer kochen, dann tatsächlich „richtig", das heißt, sie machen keine halben Sachen und versuchen es mal und streuen schon Zweifel am Resultat, bevor überhaupt ein Topf ins Spiel kommt (das machen Frauen so!), sondern eine klare Ansage: Ich koche, du isst! Punkt! Kein „na, wer weiß, ob das überhaupt schmeckt?", kein „bestimmt mögen die das wieder nicht", kein „was mache ich falsch?". Männer beim Kochen sind in gewisser Weise wie die italienische Mamma (wir kennen sie aus „Maria, ihm schmeckt's nicht!"), die angesichts eines Gastes, der etwas zögerlich isst und beim dritten Nachschlag schließlich abwinkt, voller Sorge in die Tischrunde fragt, was mit ihm los sein könnte: O Gott, der Arme, ihm schmeckt's nicht, was hat er denn?

Anstatt an IHREN Kochkünsten zu zweifeln, wie so viele Grüneberg-Mamas, zweifelt sie an ihrem Tischgast. So auch unsere Helden am Herd: Welcher Mann würde an sich zweifeln, wenn es seiner Frau nicht schmeckt? Wir kennen keinen. Im Zweifelsfall zweifelt er höchstens an der Frau, die nicht zulangen mag. Ausgeführt von ihm in ein schönes Restaurant, wählt sie diese notorische „Kleinigkeit", gerne Salat oder - noch schlimmer - nur eine Vorspeise. Da gehen beim Mann die Alarmlichter an, denn er fürchtet mit Recht, dass das eine der Frauen ist, die angeblich nie Hunger haben oder gerade auf Diät sind. Aber wenn er sich auf dem Spaziergang Pommes an einer Bude genehmigt, dann wollen sie doch „wenigstens probieren" und essen ihm ratzfatz alles weg.

Nie im Leben also kämen Männer auf die Idee, sie hätten das Lokal falsch ausgesucht, nach dem Motto: Hier gibt es nichts, was ihr schmeckt, wieso habe ich kein anderes Restaurant genommen?

Zu dem entspannten zuversichtlichen Koch fehlen dann nur noch die entspannten Esser: Das sind die, die Hunger haben oder zumindest Appetit und einfach mal gucken, was denn so auf dem Tisch steht. Die gute alte Kinder- und Männerfrage: „Was gibt's heute?" zeugte von Vertrauen und einem guten Schuss Fatalität: vielleicht was Leckeres, aber irgendwie satt wird man schon, und morgen ist auch noch ein Tag.

Kann man sich heute wirklich eine harmonisch am Esstisch tafelnde Familie vorstellen, Kinder und Erwachsene, die aus EINER Schüssel essen und dabei über etwas vollkommen anderes reden, als darüber, was wer warum isst oder nicht isst? Oder eingeladene Gäste, die nicht vorab gefragt wurden nach psychischen und körperlichen Unverträglichkeiten, Allergien und Intoleranzen – von Lamm bis Laktose? Oder einen Gastgeber, der nicht mit heißen Ohren in der Runde sitzt und sich tatsächlich folgendes anhören muss: dass die eine „leider" nicht von der Quiche möchte (Veganerin: NICHTS von der Quiche, nur die Zwiebeln vielleicht, aber da ist ja Ei dran und Sahne) und der andere „leider" auch nicht (Vegetarier: der Speck und der Speckgeschmack) und seine eigene Ehefrau „leider" die Zwiebeln aus ihrem Stück rauspulen muss („die sind so roh, ich vertrag das seit kurzem nicht mehr), während der Rest am Tisch betreten anfängt, Rezepte auszutauschen, um vom Thema abzulenken.

So bleibt auch der Nachtisch in der Küche, Kaffee ist unbekömmlich so spät, und noch ein Wein geht nicht, da man sich auch nicht mehr betrinkt – das wäre nun wirklich unzivilisiert, und so unhöflich!

Mag heute wirklich noch jemand ganz unbefangen einfach irgendetwas kochen, sei es in der Familie oder für Gäste? Es wäre eine Wohltat! Denn Essen ist wie das Kochen zu Lifestyle und Ego-Trip geworden und dient als Instrument von Selbstoptimierung und Fremdbefragung: Sag mir, was du isst, und ich sag dir, was ich davon halte und was ich nämlich selber esse! Dazu dann die Berichte über das Gesund&Fit-Projekt Jagen und Sammeln - wie bei unseren Performance-Köchen. Mit ihnen zusammen schicken wir an dieser Stelle auch die sogenannten „Foodies" vom Tisch: diese trendigen Besser-Esser, die sich mit ihren hippen Street-Food-Burgern und coolen Smoothies sowieso im Dauerevent Nahrung-Beschaffen befinden.

Bleiben wir beim Ideal: Einer kocht, jemand deckt den Tisch, dann essen alle gemeinsam, und am Ende war's ein schönes Zusammensein, bei dem – wir unterstreichen doppelt - nicht über das Essen und das Kochen und das eigene Körperbefinden geredet wird, und wenn, als kleine Verbeugung vor dem Koch oder der Köchin: Danke, schmeckt wunderbar. Kleine Lügen sind keine Schläge in die Magengrube.

Gibt es das, diese Spezies „simple eaters", wie sie im Englischen so schön unprätentiös genannt wird? Im Deutschen hätten wir als nicht so schönes Äquivalent den „einfachen Esser", vielleicht noch den „dankbaren Esser" - der isst auch alles, aber nicht, weil er bescheiden ist und zumindest Rest-Manieren hat, sondern weil er

Hunger hat. Das ist dann einfach ein armer Hund, oder ein Gierfraß, der den Hals nicht vollkriegen kann. Ach, alles so schön doppelbödig.

„Also", spricht der Einfach-Esser, „mach nicht so ein Wind aus deinem Kochen, deinem Essen, deinem Nicht-Essen und Nicht-Kochen." Kein Kind mag Gemüse, und keine Frau mag jeden Tag am Herd stehen. Nicht weil das Gemüse schlecht ist oder der Herd gemein, sondern – ja, warum eigentlich nicht?

Da fällt uns jetzt leider auch keine gute Antwort mehr ein. Lassen wir es also dabei. Sicher jedoch ist der kochende Mann im Haus ist das kleinere Übel. Das größere wäre der nicht kochende Mann. Das kleinere Übel ist nicht immer das größere Übel.

Wer wen wie gut bekocht, ist letztendlich egal, die Hauptsache ist doch, es kocht überhaupt jemand. Sei es aus Liebe zur Materia prima oder aus schierer Notwendigkeit. Beiden Beweggründen schuldet man gleichermaßen Dank und sollte das Resultat entsprechend würdigen, so einfach ist das. Das Leben ist nämlich leichter, wenn man sich freut.

Von wegen unklare Rollenverteilung, derjenige, der gerade dran ist, hat die Macht, die Macht am Herd. Und es zeugt von echter Partnerschaft, wenn man dem, der gerade die Macht hat – sei es, weil er es generell besser kann oder nur einmal gerade spontan Lust dazu hat - einfach zuarbeitet und sich eventuell sogar zum Handlanger deklariert, ohne sich degradiert zu fühlen. Wenn es einem Spaß macht zuzugeben, dass der andere einfach weiß, wie's geht! Da bricht doch kein Zacken aus der Krone.

Das gilt für den Mann am Herd mit Frau in der Küche genauso wie für die Frau am Herd mit Mann in der Küche. Den wollen wir ja auch nicht generell verjagen. Wir schicken ihn in diesem Buch nur ein wenig vor die Tür, zum Luftschnappen. Wenn er sich darauf besonnen hat, dass eine Soße noch keinen Soßen-Gott macht, und er begriffen hat, dass die Küche nicht sein Hobbyraum ist, freuen wir uns über jeden seiner Beiträge, die uns von der schleichenden Kochallergie befreien. Und wir sind besten Willens.

Vorausgesetzt natürlich, der Hobby- und Gelegenheitskoch lässt uns nicht seine Herablassung spüren, aber das tut ja schließlich nicht jeder. Und im Falle des zitierten nervigen Starkochs, der sich ausdauernd in Selbstelogen ergeht, könnte Frau sich bei allem Unmut doch auch ein bisschen freuen, vielleicht darüber, dass er endlich mal spricht? (Nur so als Vorschlag.)

Hat sie nicht bislang gelitten unter der Regel: ein Mann, ein Wort (das Äquivalent: eine Frau … ersparen wir uns an dieser Stelle, laut nicht repräsentativer Studien im engeren Bekanntenkreis vermuten wir, dass dies als bekannt vorausgesetzt werden darf)?

Also, wir wissen, dass Männer nicht aus bösem Willen mundfaul sind, sondern einfach deshalb schweigen, weil sie gerade nichts zu sagen haben (wiederum verzichten wir auf den Hinweis, dass Frauen am Tag dreimal mehr Wörter von sich geben als Männer …)

Männer nämlich bedienen sich der gesprochenen Sprache zumeist zum Austausch von Informationen. Sie gehen dabei offen und direkt vor, sie senden keine mehr oder minder versteckten Signale aus, die zu deuten und auszuwerten es gilt, sie glauben auch nicht an die Kraft der Telepathie oder die subtile Botschaft zwischen den Zeilen. Männer und Frauen benutzen Sprache unterschiedlich, was womöglich an der Aktivierung unterschiedlicher Hirnregionen liegt (wir haben nämlich nachgelesen, dass Frauen zehnmal mehr weiße Gehirnsubstanz haben: Ausläufer der Nervenzellen, die für Vernetzung stehen, während Männer siebenmal mehr graue Substanz haben – ja, die berühmten grauen Zellen, die quasi das Rechenzentrum sind). Die Hirne werden also unterschiedlich benutzt, und kein weiteres Wort zu Multitasking oder Interpretation von Stadtplänen.

Wenn ER nun endlich mal auftaut, so richtig in seinem Element ist und sie nun wortgewaltig heraussprudeln aus ihm, die Karfiolcreme und das Pistazienpesto … – warum das nicht einfach wohlwollend zur Kenntnis nehmen – muss ja nicht gleich in ekstatische Lobpreisung ausarten? Sein Talent neidlos anerkennen, die Finesse seiner Kreationen bemerken und nicht einfach nur aufessen. Auch wenn's schwer fällt.

Da wir gerade so milde gestimmt sind: Frau könnte auch dem talentfreien Koch mit Standardrepertoire von etwa sechs mediokeren Gerichten Beifall zollen, für seinen Fleiß und seine Beharrlichkeit, ein jedes Ding hat seine Berechtigung.

Und wenn der „Held am Herd" sich wieder einmal heftigst vergaloppiert, ihn mit einem zärtlichen „Brrr-Brauner" zur Räson rufen! Das klappt schon.

Wenn man ein Team ist. Wenn man Verständnis füreinander und die jeweiligen Macken des anderen hat und seinen Frust nicht auf den Partner projiziert und/oder sich ständig als benachteiligtes „Opfer" sieht. Wenn man sich bestmöglich gegenseitig unterstützt nach Neigung und Können. Wenn man eine auf völlige Gleichberechtigung basierende Freundschaft aufgebaut hat, wo ER keine Macho-Allüren zeigt und SIE nicht in alte Frauchen-Schemata zurückfällt – und wenn doch, ist das auch in Ordnung, solange es „das Spiel" zwischen den beiden ist. Für die Gleichberechtigung sollten weder Männlichnoch Weiblichkeit aufgegeben werden.

Wir sollten nie vergessen, dass wir als Partnerschaft, als Familie zwar nur das kleinste Element der Gesellschaft darstellen, zugleich aber auch das Allergrößte sind: Für uns intern ein Riesen-Schatz, der nicht genug zu hochachten ist, „Humankapital" der besonderen Art. Diesen Schatz zu pflegen und zu erhalten ist Anstrengung auf allen Seiten wert. Da müssen sich beide mächtig ins Zeug legen und sollten nicht ihre kostbare gemeinsame Zeit mit Streitereien über Asche und Staub vergeuden.

„Respect!" heißt das Zauberwort. Gleichberechtigung fängt nämlich dann an, wenn man sich gegenseitig respektiert. Auch in seiner Unvollkommenheit. Gerade dann. Bevor man seine Beziehung in die Tonne fährt, sollte man sich immer wieder sagen, dass jeder ein Recht darauf hat, nicht perfekt zu sein, wir sind nun einmal potentielle „Mängelexemplare". Und bevor es knallt, vielleicht lieber auf „Reset" gehen und nochmal starten.

Wir dürfen dazu stehen Glucke, Zicke, Weibchen, Tiger-Mum oder Kanzlerin zu sein, ein Kerl oder ein Kerlchen, knallhart oder daunenweich. Solange wir den anderen und die verschiedenen Lebensentwürfe achten.

Wir sollten mehr Mut zum Scheitern haben oder zumindest zur Ratlosigkeit, zum kurzen Innehalten, zum vermeintlich langweiligen Stand-by-Modus, gerade in der gegenwärtigen super-angepassten perfektionistischen Welt, gerade im Kontext mit dem Zeitgeist, der sich permanent selbst überholt. Mut zur Entschleunigung, Mut zum Zeit-Nehmen. Beim Kochen, beim Essen, beim Leben.

Denn das Leben ist nicht das Problem, das Problem sind eher wir selbst. Auch wenn es banal klingt: Warum folgen wir nicht ein bisschen mehr dem Try-And-Error-Prinzip? Was im Übrigen gar nicht so einfach ist.

Wir sollten uns bekennen auch zu nostalgischen, vielleicht nahezu altmodisch anmutenden Modellen – Hauptsache, sie sind originär die unsrigen. Wie vermeintlich altmodisch oder uncool sie wirklich sind, entscheiden immer noch wir. Bloß nicht gängeln lassen, vom Staat oder „den Anderen". Wenn es passt, geht das in Ordnung. Und wir sollten die Angst bekämpfen, mit den anderen nicht mithalten zu können, auf der Strecke zu bleiben, als vermeintliche Loser.

Denn wir sind die Helden, wir alle, die wir Voll- oder Teilzeit arbeiten oder zuhause mit dem Tablet und Kleinkindern auf dem Schoß versuchen, unser berufliches Fähnchen hochzuhalten, die wir putzen oder nicht putzen, die wir schnell und lustlos kochen, die wir grandios aufwendig auftischen, die wir aus der Dose essen, aus der Tiefkühltruhe oder auf Fast Food stehen. Wir sind die Bestimmer, jeder einzelne von uns.

Wir sind die Realität, wir leben die Realität; und all die, die uns Realität vorgaukeln, so hip, so ausdrucksstark und wortgewandt und bilderreich und meinungsmachend – die sind die Fiktion.

Das echte wirkliche Leben entscheidet. Die Männer und Frauen entscheiden, die sich zusammengetan haben, mit oder ohne Kinder. Die Menschen entscheiden, die ihr privates eigenes spezifisches Lebensmodell entworfen haben und es vielleicht spießig oder chaotisch aber individuell leben. Ein Rezept dafür gibt es nicht, alle Formationen sind möglich. Pärchen respektive Eltern können böser Cop/guter Cop sein – spielt halt mit, die Frage, wer jetzt der „Gewinner" ist, die stellt sich doch nicht wirklich! In einer ausbalancierten Partnerschaft sind alle die Gewinner, und darum geht es doch.

Jedes Modell ist in Ordnung, wenn es einvernehmlich und gemeinsam vereinbart ist. Generell gilt vielleicht: Mehr Gelassenheit bei nervösen Frauen, mehr Eifer beim oft trägen Mann, dann läuft's rund!

Können wir bitte mal damit aufhören, die häusliche Aufgabenteilung in Männerjobs und Frauenjobs in beständigem Gerangel hin und herzuschieben und dann doch lieber das andere zu wollen? Sind wir in der Sandkiste, wo „die Schaufel in der Hand haben" oder „mit dem Eimerchen daneben stehen" über den Status entscheidet? Wollen wir wirklich in unseren Beziehungen, Partnerschaften, Familien das alte Spiel entlang der aufgerichteten Zäune spielen und Gewinner oder Verlierer sein? Habe ich das As oder die A...karte?

Wenn es das Spiel ist, dann spielt es richtig und vertragt euch hinterher wieder! Das haben Kinder zumindest des 20. Jahrhunderts doch alle noch gelernt: Mensch, ärgere dich nicht. Macht aus dem Spiel keinen Ernst, so wie aus dem vergnügten Hobbykoch den besserwisserischen Küchenexperten, aus dem „netten Mann" am Herd den wilden Patron, der drohend den Schwungradschneider schwingt.

Wie wär's stattdessen mit ein bisschen Zäune-Einreißen:

Kochen ist weder männlich noch weiblich, Kochen kann pragmatisch sein oder lustvoll oder beides zusammen. Gekocht werden kann in Eile, zwischendurch, in unendlichen vielen Stunden, mit innerer Beteiligung oder nebenbei (frisch verliebt versalzt gerne ...), nüchtern oder betrunken. Man kann es alleine oder im Pulk, streng nach Rezept oder kreativ und haarscharf daneben, in einer High-

Tech-Küche oder in der Basis-Sub-Erst-Ausstattung. Kochen findet in den Köpfen statt, und dann erst in den Töpfen.

Wozu nach Zielen, Erwartungen oder dem WARUM fragen, wenn die Antwort schlichter nicht sein könnte: Der Mensch muss ja essen.

Die Frage der Rollenmuster, der Arbeitsteilung und der Erwartungen aneinander stellt sich nach unserer Ansicht auf einer ganz anderen Ebene als der von Mann-Frau. Im Hintergrund spielt die Geschlechtszugehörigkeit selbstverständlich mit, aber die ist heutzutage vielfältig durchbrochen. Klischees und gängige Zuschreibungen haben in der Regel vor der sozialen Realität keinen Bestand: Es gibt keine Muster-Kinder, Muster-Männer, Muster-Frauen.

Gut, natürlich gibt es sie doch! Irgendjemand muss immer der Primus sein. Aber wir meinen: das sind die Vorzeige-Prototypen, die designt oder geklont sind. Denn heute kann man nicht misstrauisch genug sein: Ist es wirklich Minister Gabriel, der da Mittwoch nachmittags gen Goslar braust zur Kinderkrippe, oder ist der gecastet aus dem Fundus von DSDSP, „Deutschland sucht den Super- Papi"?

Wir konstatieren einen Riss durch die Gesellschaft, in der Öffentliches und Privates, Familie und Beruf, Single und Singelin so gerne optimal vereinbar wäre. Aber wir sehen den Riss nicht entlang von Mann–Frau, sondern zwischen Können und Wollen, zwischen Wunsch und Realität, und zwischen Einsicht und Verbissenheit, zwischen Wahnsinn und Methode. Oder hat der Wahnsinn schon Methode?

Deshalb sagen wir: Wir brauchen keine Erneuerung und Aufrüstung von Mann und Frau, sondern die Schubladen, aus denen man sich all der Stereotypen und Klischees bedient, gehören entsorgt!

Männer in der Küche – in seiner, in ihrer, in der gemeinsamen – sind wünschenswert und unerlässlich. Lasst sie doch kochen, selbst wenn sie das als großen Freizeitspaß bis verbissenen Wettkampf zelebrieren. Lasst ihnen das Revier, in dem sie der Küchengott und Superpapa sind, aber lasst euch nicht vertreiben, wenn es auch euer angestammtes Revier ist. Denn wir kochen nicht aus Rechthaberei oder Angeberei oder um irgendetwas „zu beweisen" oder weil es gerade Mode oder zumindest „angesagt" ist: Deshalb steht die Reconquista des Herdes an!

Alle dürfen kochen.

Wir meinen, es ist höchste Zeit, dass auch die Frauen wieder unbeschwert den Kochlöffel schwingen und sich in ihrer Küche, die weder Hobbyraum noch Schlachtfeld für Lifestyle- und Geschlechterfragen ist, breitmachen, ohne sich einer Challenge ausgesetzt zu sehen. Nicht mit sich selbst und schon gar nicht mit anderen. Jeder kann nach Lust und Laune kochen und „wenn wem was" nicht schmeckt: nicht persönlich nehmen – und Themenwechsel.

Wir glauben an die Vereinbarkeit des scheinbar Unmöglichen, dies ist ein Plädoyer für Toleranz und Entspannung, für die drei großen L's:

Alles etwas lässiger, liberaler und lustvoller! Die „Herdprämie" gibt es von uns für die Paare, die sich und ihre Arbeit gegenseitig respektieren, egal, wer was in welchem Bereich (innen/außen) leistet. Wir plädieren für Teamgeist statt Konkurrenzkampf, für Lobhudeleien trotz Küchensudeleien!

Und dabei ganz viel kochen und essen.

Und nicht ärgern, keinen Groll auf den Küchenmann hegen, wenn er uns erneut zur Weißglut zu bringen droht mit seinem „War ich nicht wieder mal toll, toller am tollsten … hach, was wäre Weihnachten bloß ohne mich, und bald ist auch Ostern, was glaubt ihr, was ich euch da Schönes zaubere, da übertreffe ich mich selbst, ihr werdet schon sehen ...“

Da heißt es zurücklehnen, lächeln, das Glaserl heben und sich freuen – freuen darüber, dass es da jemanden gibt, der uns glücklich machen will, dessen Liebe tatsächlich durch den Magen geht und dem auch unser Magen nicht egal ist.

Und auch ein bisschen freuen darüber, dass er ja noch recht viel Zeit hat zum Fischen, Jagen und Hasen fangen und somit wieder erst einmal draußen ist, aus der Küche … aus unserer, meiner, deiner, seiner. Der gemeinsamen!
